Utilize este código QR para se cadastrar de forma mais rápida:

Ou, se preferir, entre em:

www.moderna.com.br/ac/livroportal

e siga as instruções para ter acesso aos conteúdos exclusivos do Portal e Livro Digital

CÓDIGO DE ACESSO:
A 00400 BUPPORT1E 5 76794

Faça apenas um cadastro. Ele será válido para:

Da semente ao livro, sustentabilidade por todo o caminho

Plantar florestas
A madeira que serve de matéria-prima para nosso papel vem de plantio renovável, ou seja, não é fruto de desmatamento. Essa prática gera milhares de empregos para agricultores e ajuda a recuperar áreas ambientais degradadas.

Fabricar papel e imprimir livros
Toda a cadeia produtiva do papel, desde a produção de celulose até a encadernação do livro, é certificada, cumprindo padrões internacionais de processamento sustentável e boas práticas ambientais.

Criar conteúdos
Os profissionais envolvidos na elaboração de nossas soluções educacionais buscam uma educação para a vida pautada por curadoria editorial, diversidade de olhares e responsabilidade socioambiental.

Construir projetos de vida
Oferecer uma solução educacional Moderna é um ato de comprometimento com o futuro das novas gerações, possibilitando uma relação de parceria entre escolas e famílias na missão de educar!

Taciro Comunicação, Alexandre Santana e Estúdio Pingado

Apoio:
www.twosides.org.br

Fotografe o Código QR e conheça melhor esse caminho.
Saiba mais em moderna.com.br/sustentavel

Organizadora: Editora Moderna
Obra coletiva concebida, desenvolvida
e produzida pela Editora Moderna.

Editora Executiva:
Marisa Martins Sanchez

Acompanha este livro:
- Caderno do Escritor

NOME: ....

....TURMA: ....

ESCOLA: ....

....

1ª edição

Editora Moderna © 2018

Elaboração dos originais

Marisa Martins Sanchez
Licenciada em Letras pelas Faculdades São Judas Tadeu. Professora de Português em escolas públicas e particulares de São Paulo por 11 anos. Editora.

Christina Binato
Licenciada em Letras pela Universidade Mackenzie. Editora.

Mary Cristina Pereira da Silva
Bacharel em Comunicação Social pela Universidade de Mogi das Cruzes. Licenciada em Letras pela Universidade Guarulhos. Pós-graduada em Língua Portuguesa pela Pontifícia Universidade Católica de São Paulo. Jornalista e editora.

Sueli Campopiano
Bacharel em Ciências Sociais pela Universidade de São Paulo. Editora.

Márcia Braga
Licenciada em Pedagogia pelo Centro Universitário Assunção. Professora do Ensino Fundamental em escolas particulares. Orientadora educacional do Ensino Fundamental em escolas particulares.

Mara Cristina Dias Pereira
Bacharel e licenciada em Letras pela Universidade de São Paulo. Professora do Ensino Fundamental em escolas particulares. Assessora pedagógica na área de linguagem em escolas públicas e particulares.

Cristiane Luiza Gavaldon
Licenciada em Pedagogia pela Universidade São Judas Tadeu. Professora do Ensino Fundamental em escolas particulares.

Cristiane Maia Pimentel
Bacharel e licenciada em Letras pela Universidade de São Paulo. Professora do Ensino Fundamental em escolas particulares. Professora de Redação em projeto da Secretaria de Educação de São Paulo.

Miriam Louise Sequerra
Graduada em Psicologia pela Universidade de São Paulo. Coordenadora pedagógica do Ensino Fundamental em escolas particulares.

Daniela Pedroso
Licenciada em Educação Artística pela Universidade Federal do Paraná. Professora de Arte em escolas públicas e particulares. Coordenadora de ensino da Arte do Ensino Fundamental da Secretaria Municipal de Educação de Curitiba.

Jogo de apresentação das *7 atitudes para a vida*

Gustavo Barreto
Formado em Direito pela Pontifícia Universidade Católica (SP). Pós-graduado em Direito Civil pela mesma instituição. Autor dos jogos de tabuleiro (*boardgames*) para o público infantojuvenil: Aero, Tinco, Dark City e Curupaco.

Coordenação editorial: Sueli Campopiano
Edição de texto: Sueli Campopiano, Mary Cristina Pereira da Silva, Acáccio Silva
Assistência editorial: Magda Reis
Consultoria pedagógica: Elvira Souza Lima
Pesquisa de textos: Luciana Saito
Gerência de *design* e produção gráfica: Everson de Paula
Coordenação de produção: Patricia Costa
Suporte administrativo editorial: Maria de Lourdes Rodrigues
Coordenação de *design* e projetos visuais: Marta Cerqueira Leite
Projeto gráfico: Daniel Messias, Daniela Sato, Mariza de Souza Porto
Capa: Daniel Messias, Otávio dos Santos, Mariza de Souza Porto, Cristiane Calegaro
  Ilustração: Raul Aguiar
Coordenação de arte: Wilson Gazzoni Agostinho
Edição de arte: Daiane Alves Ramos, Regiane Santana
Editoração eletrônica: MRS Editorial
Coordenação de revisão: Elaine C. del Nero
Revisão: Ana Paula Felippe, Renato Bacci, Renato da Rocha Carlos, Roseli Simões, Vera Rodrigues
Coordenação de pesquisa iconográfica: Luciano Baneza Gabarron
Pesquisa iconográfica: Mariana Veloso
Coordenação de *bureau*: Rubens M. Rodrigues
Tratamento de imagens: Fernando Bertolo, Joel Aparecido, Luiz Carlos Costa, Marina M. Buzzinaro
Pré-impressão: Alexandre Petreca, Everton L. de Oliveira, Marcio H. Kamoto, Vitória Sousa
Coordenação de produção industrial: Wendell Monteiro
Impressão e acabamento: HRosa Gráfica e Editora
Lote: 756348
Cod: 12113193

Dados Internacionais de Catalogação na Publicação (CIP)
(Câmara Brasileira do Livro, SP, Brasil)

Buriti plus português / organizadora Editora Moderna ; obra coletiva concebida, desenvolvida e produzida pela Editora Moderna. — 1. ed. — São Paulo : Moderna, 2018. (Projeto Buriti)

Obra em 5 v. para alunos do 1º ao 5º ano.

1. Português (Ensino fundamental)

18-16393   CDD-372.6

Índices para catálogo sistemático:

1. Português : Ensino fundamental 372.6

Maria Alice Ferreira – Bibliotecária – CRB-8/7964

ISBN 978-85-16-11319-3 (LA)
ISBN 978-85-16-11320-9 (GR)

Reprodução proibida. Art. 184 do Código Penal e Lei 9.610 de 19 de fevereiro de 1998.
Todos os direitos reservados
EDITORA MODERNA LTDA.
Rua Padre Adelino, 758 – Belenzinho
São Paulo – SP – Brasil – CEP 03303-904
Vendas e Atendimento: Tel. (0_ _11) 2602-5510
Fax (0_ _11) 2790-1501
www.moderna.com.br
2022
Impresso no Brasil

1 3 5 7 9 10 8 6 4 2

Que tal começar o ano conhecendo seu livro?

Veja nas páginas 6 a 9 como ele está organizado.

Nas páginas 10 e 11, você fica sabendo os assuntos que vai estudar.

Neste ano, também vai conhecer e colocar em ação algumas atitudes que ajudarão você a conviver melhor com as pessoas e a solucionar problemas.

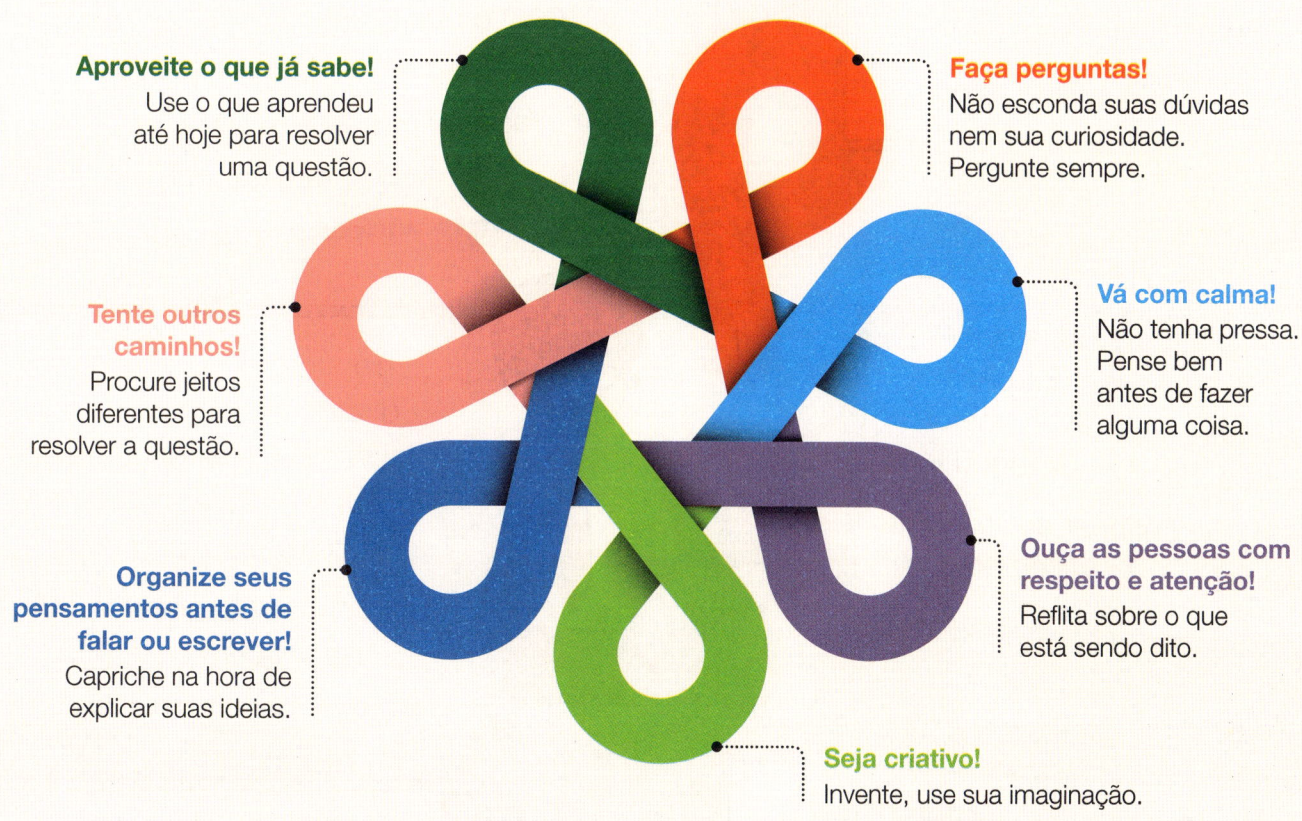

7 atitudes para a vida

Aproveite o que já sabe!
Use o que aprendeu até hoje para resolver uma questão.

Faça perguntas!
Não esconda suas dúvidas nem sua curiosidade. Pergunte sempre.

Tente outros caminhos!
Procure jeitos diferentes para resolver a questão.

Vá com calma!
Não tenha pressa. Pense bem antes de fazer alguma coisa.

Organize seus pensamentos antes de falar ou escrever!
Capriche na hora de explicar suas ideias.

Ouça as pessoas com respeito e atenção!
Reflita sobre o que está sendo dito.

Seja criativo!
Invente, use sua imaginação.

Nas páginas 4 e 5, há um jogo para você começar a praticar cada uma dessas atitudes.

Divirta-se!

A RIFA

Comece lendo a história pelo número **1**. Depois, vá fazendo suas escolhas conforme as indicações. Lembre-se: suas atitudes podem mudar toda a história!

1.  Que sorte! Você ganhou uma moto na rifa. Agora só precisa encontrar o comprovante. Vai até seu quarto... Oh! Sua mãe arrumou o quarto! E cadê a rifa???

Você vai conversar com ela (3) ou é melhor desistir (2)?

5. Você corre e vê que o caminhão de lixo já passou.

Vá para (2).

2. Sem bilhete, sem moto... Sua aventura acabou.

6. Ela diz que você deveria conversar com a professora. Mas você sabe que quem estava organizando a rifa era o diretor.

Você vai falar com a professora (12) ou com o diretor (8)?

3. Você pergunta a sua mãe se ela viu um papel amarelo com uns números escritos. Ela diz que jogou fora.

Você vai continuar ouvindo sua mãe falar (4) ou vai embora (2)?

7.  Ao mostrar o canhoto ao diretor, ele diz que de fato foi você quem vendeu a rifa, mas que talvez não tenha sido quem a comprou.

Você vai argumentar (13) ou vai para casa (2)?

4. Sua mãe fala sobre a importância de ter um quarto arrumado.

Você vai ficar calmo e deixá-la terminar de falar (6) ou vai procurar no lixo (5)?

8. Você vai imediatamente à sala do diretor para expor seu problema (9) ou prefere pensar um pouco mais no que vai dizer a ele (10)?

4

9 O problema é que você não tem o comprovante... Mas lembra que no canhoto da rifa tem seu nome e ele está na tesouraria.

Você vai à tesouraria (10) ou prefere falar com o diretor (11)?

13 Você diz que ninguém reclamou a moto até agora, a não ser você. O diretor concorda e pede a você que espere mais dois dias.

Você vai esperar (14) ou diz que não vai dar (15)?

10 A moça da tesouraria entrega a você o canhoto com o número 7 (anote esse número).

Agora vá falar com o diretor (11).

14 Depois de dois dias, o diretor liga para você: "Pode vir retirar sua moto!".

Vá para (16).

15 "Se você não pode esperar, é porque provavelmente está preocupado que o verdadeiro ganhador apareça."

Você vai para casa (2) ou pede desculpa pela impaciência (14)?

11 O diretor diz que o regulamento é claro. Você não tem nenhuma prova e ele não pode liberar a moto. Se você tivesse ao menos o canhoto da rifa, ele poderia fazer alguma coisa.

Se tiver o canhoto, vá até aquele número. Caso contrário, vá para (2).

12 A professora lhe diz que não poderá fazer nada a respeito.

Você vai falar com o diretor da escola (8) ou prefere voltar para casa (2)?

A moto é maravilhosa! É uma pena que você não vai poder dirigir! Sua mãe tem habilitação para moto e o convida para dar uma volta. Mas só depois de arrumar seu quarto, porque você fez a maior bagunça procurando o comprovante!

Conheça seu livro

Veja como ele foi organizado para ajudá-lo.

Abertura da unidade

Uma imagem pode ter muitos significados e cada pessoa pode ver coisas diferentes nela. Aqui você fala o que vê e o que sabe a respeito da imagem e do tema da unidade.

Leitura: textos 1 e 2

Para que você lê? Pense nestes motivos:

Ler por prazer

Texto dramático, crônica, poema visual, história em quadrinhos

Com esses textos, você se diverte, se emociona, sonha e se distrai.

LER POR PRAZER

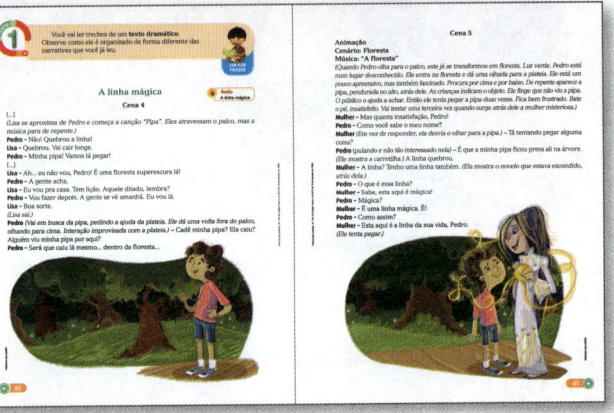

Ler para se informar

Resenha, reportagem, entrevista, artigo de opinião

Com esses textos, você se informa sobre diversos temas, fica sabendo o que acontece no Brasil e no mundo e desenvolve seu senso crítico.

LER PARA SE INFORMAR

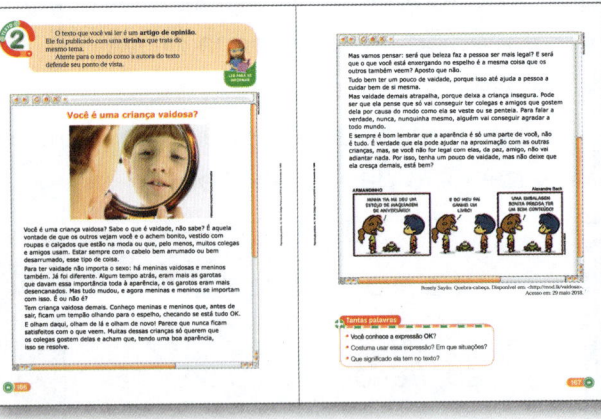

Ler para aprender

Textos expositivos, de dicionário, da internet

Com esses textos, você estuda para a prova, faz as lições, faz pesquisas para conhecer mais sobre um assunto ou para fazer os trabalhos de escola. Aprende as regras de um jogo, a montar brinquedos etc.

LER PARA APRENDER

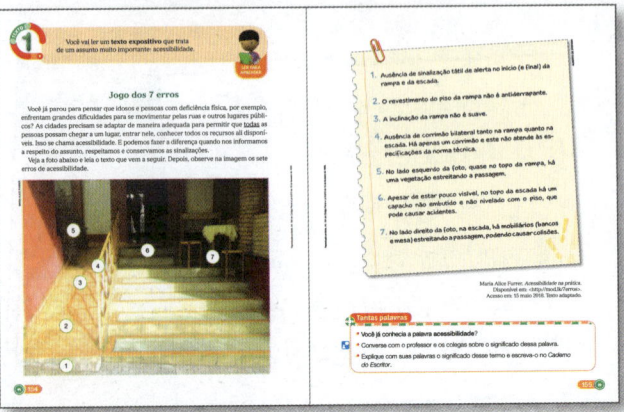

Para falar e escrever melhor

Selecionamos informações e preparamos atividades para que você se comunique cada vez melhor.

Oficina das palavras

Você acha que escrever é um bicho de sete cabeças? Nem tanto...

Na *Oficina das palavras*, você escreve só um pouquinho...

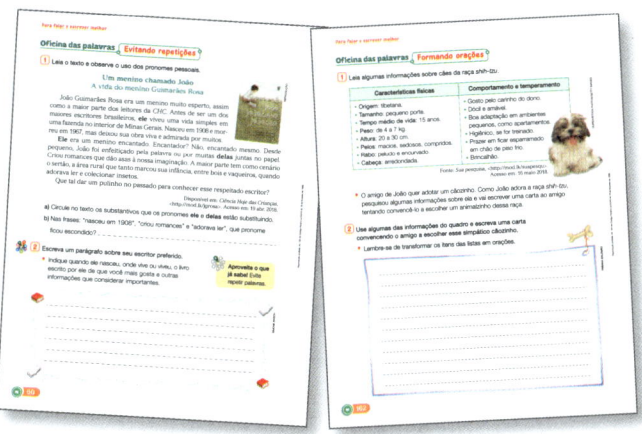

Comunicação escrita

... Depois, na *Comunicação escrita* a turma toda participa, e escrever um pouco mais fica fácil! É só seguir as instruções.

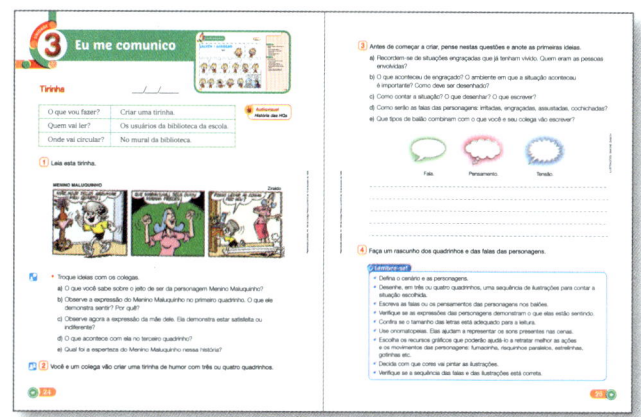

A seção *Comunicação escrita* está inteirinha no **Caderno do Escritor**. Assim, você pode levá-lo aonde quiser para escrever seu texto.

No Caderno há também um espaço próprio para você registrar as palavras que pesquisou em *Tantas palavras*.

Comunicação oral

Para se comunicar bem, tem de aprender a falar direito. Aqui você aprende a contar histórias, fazer entrevistas, ler poemas e muito mais.

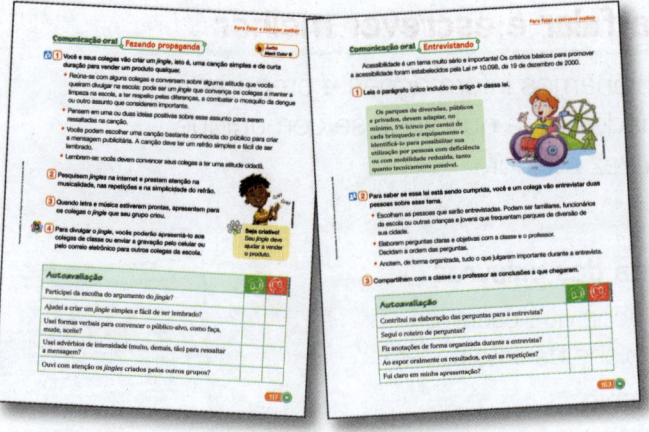

Gramática

Conhecer como a língua portuguesa se organiza ajuda você a se comunicar por escrito e oralmente.

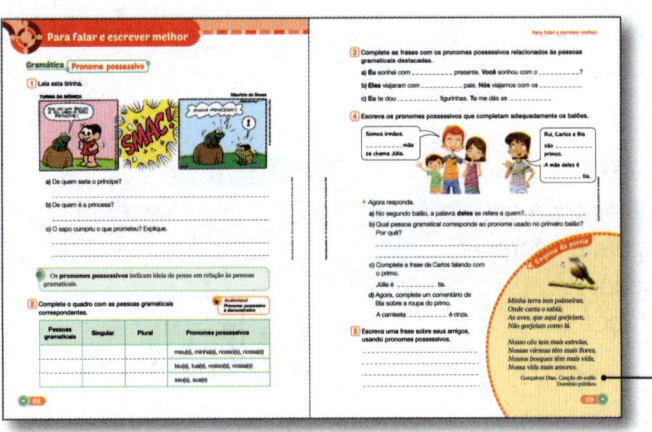

Esquina da Poesia

Faça uma parada nesta esquina e aprecie o poema!

Ortografia

Você vive trocando as letras? Não se preocupe... Com algumas dicas e muito treino, vai ficar fácil escrever corretamente.

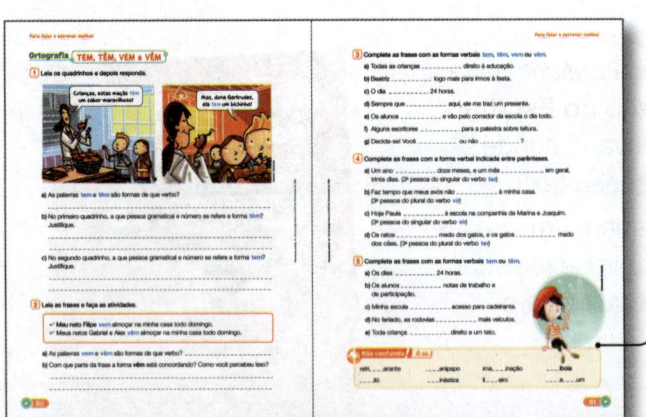

Não confunda!

Será que você se lembra de que letra deve usar na escrita de algumas palavras?

Dicionário

Atividades para você aprender a consultar o dicionário e, assim, conhecer mais as palavras.

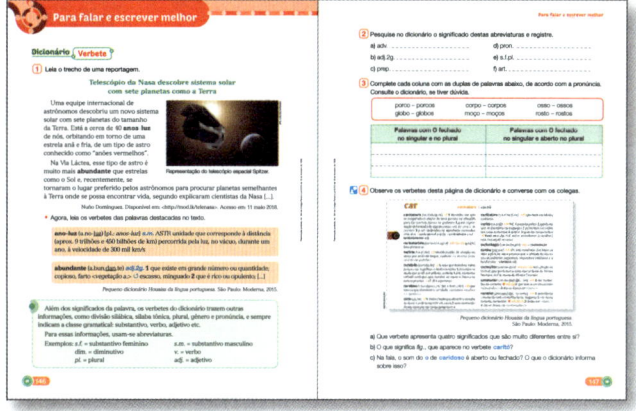

Memória visual

Brincando e observando, você também treina ortografia.

Fique atento!

Agora é o momento de usar seu **Caderno do Escritor** e produzir um texto.

Tabelas de gramática

Estas tabelas são para sua consulta enquanto estuda.

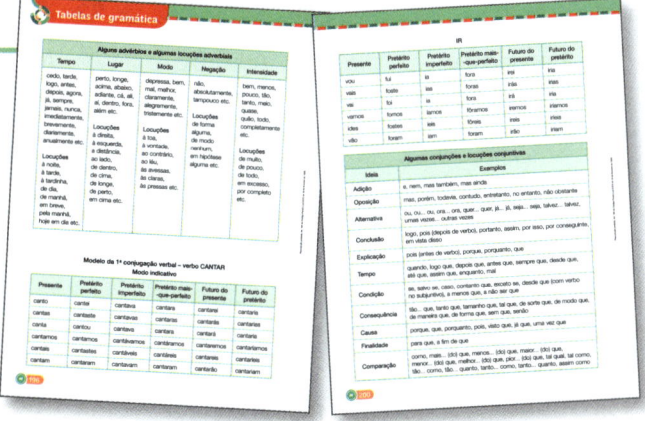

 **Ícones utilizados**

Para indicar como realizar as atividades

 Atividade oral

 Dupla

 Grupo

 Desenho

Para indicar a conversa sobre temas de cidadania

Para indicar habilidades que você vai usar para se relacionar com os outros e consigo mesmo

Para indicar objetos digitais

Mapa de conteúdos

UNIDADE	TEXTO 1	PARA FALAR E ESCREVER MELHOR			
		Gramática	Ortografia	Oficina das palavras	Comunicação oral
1 Eu me divirto — Página 12	Crônica *O torcedor* Carlos Drummond de Andrade — 14	Formação de palavras (composição) — 20	Palavras com pronúncia igual — 22	Escrevendo com palavras compostas — 24	Contando histórias divertidas — 25
2 Eu entro em cena — Página 38	Texto dramático *A linha mágica* Sean Taylor — 40	Pronome pessoal — 46	Acentuação de palavras monossílabas, oxítonas e proparoxítonas — 48	Evitando repetições — 50	Dramatizando — 51
3 Eu me comunico — Página 62	História em quadrinhos *Calvin e Haroldo* Bill Watterson — 64	Pronome possessivo — 68	ESA e EZA — 70	Usando pronome possessivo — 72	Encenando — 73
4 Eu quero ser... — Página 84	Diário de campo *Diário de um paleontólogo* William Nava — 86	Verbo — 92	ICE e ISSE — 94	Usando diferentes tempos verbais — 96	Contando curiosidades — 97
5 Eu vou às compras — Página 106	Propaganda *Propaganda de revistas da Turma da Mônica* — 108	Advérbio — 112	Abreviatura, sigla e símbolo — 114	Usando advérbios — 116	Fazendo propaganda — 117
6 Eu busco pistas — Página 128	Conto de enigma *O incrível enigma do galinheiro* Marcos Rey — 130	União de preposição com artigo — 136	Crase — 138	Empregando a crase — 140	Expondo uma invenção — 141
7 Eu faço a diferença — Página 152	Texto expositivo *Jogo dos 7 erros* Maria Alice Furrer — 154	Frase e oração — 158	C, Ç, S, SS, SC, SÇ e XC — 160	Formando orações — 162	Entrevistando — 163
8 Eu defendo uma opinião — Página 174	Apólogo *Assembleia na carpintaria* — 176	Conjunção — 180	Dicionário: plurissignificação — 182	Ligando orações — 184	Realizando um debate — 185

ILUSTRAÇÕES: ALBERTO DE STEFANO, FABIANA SALOMÃO, FÁBIO EUGÊNIO, FERNANDO DE SOUZA

TEXTO 2	PARA FALAR E ESCREVER MELHOR			
	Gramática	Ortografia	Comunicação escrita
Poema visual *Relógio, Xícara, Carretel* 26	Formação de palavras (derivação) 31	As palavras POR QUE, PORQUE, POR QUÊ e PORQUÊ 34 Memória visual 36	Crônica Caderno do Escritor 16
Resenha crítica *Crítica: Peça sobre viagem no tempo acerta na combinação de real e virtual* Gabriela Romeu 52	Pronome demonstrativo 55	Acentuação de palavras paroxítonas 57 Memória visual 60	Resenha crítica Caderno do Escritor 20
Texto expositivo *Sinais que falam* 74	Preposição e locução prepositiva 78	TEM, TÊM, VEM e VÊM 80 Memória visual 82	Tirinha Caderno do Escritor 24
Entrevista *Profissão: desenhista de dinossauro* 98	Verbo principal e verbo auxiliar 100	VÊ, VEEM, LÊ e LEEM 102 Memória visual 104	Entrevista Caderno do Escritor 28
Artigo de opinião *Você é sempre o alvo* Edson Gabriel Garcia 118	Locução adverbial 122	Palavras semelhantes 124 Memória visual 126	Artigo de opinião Caderno do Escritor 32
Artigo de divulgação científica *A memória de cores das abelhas* 142	Dicionário: verbete 146	MAL e MAU 148 Memória visual 150	Exposição de pesquisa Caderno do Escritor 36
Reportagem *Bia, 14, criou ONG aos seis anos de idade e ajuda milhares de pessoas* Bruno Molinero 164	Sujeito e predicado 168	Letra X 170 Memória visual 172	Exposição com orientação Caderno do Escritor 40
Artigo de opinião *Você é uma criança vaidosa?* Rosely Sayão 186	Concordância: artigo, adjetivo e substantivo 190	TRAZ, TRÁS e ATRÁS 192 Memória visual 194	Apólogo Caderno do Escritor 44
Tabelas de gramática 196			

UNIDADE 1
Eu me divirto

O que eu vejo

Observe a imagem e converse com os colegas.

- O que as pessoas estão fazendo?
- Em que lugar elas estão? O que estão segurando?
- Elas parecem se divertir? Por quê?

O que eu sei

Agora, fale de você.

- Você já participou de alguma comemoração?
- Acha que pode ser divertido esse tipo de atividade?
- Como você costuma se divertir?

Chineses fazem a dança do dragão do fogo durante a festa pelo Ano-Novo Lunar em Hubei, na China, em janeiro de 2017.

O texto que você vai ler é uma **crônica**. Preste atenção no modo como a história é narrada e como ela termina.

LER POR PRAZER

O torcedor

No jogo de decisão do campeonato, Eváglio torceu pelo Atlético Mineiro, não porque fosse atleticano ou mineiro, mas porque receava o carnaval nas ruas se o Flamengo vencesse. Visitava um amigo em bairro distante, nenhum dos dois tem carro, e ele previa que a volta seria problema.

O Flamengo triunfou, e Eváglio deixou de ser atleticano para detestar todos os clubes de futebol, que perturbam a vida urbana com suas vitórias. Saindo em busca de táxi inexistente, acabou se metendo num ônibus em que não cabia mais ninguém, e havia duas bandeiras rubro-negras para cada passageiro. E não eram bandeiras pequenas nem torcedores exaustos: estes pareciam ter guardado a capacidade de grito para depois da vitória.

Eváglio sentiu-se dentro do Maracanã, até mesmo dentro da bola chutada por 44 pés. A bola era ele, embora ninguém reparasse naquela esfera humana que ansiava por tornar a ser gente a caminho de casa.

Lembrando-se de que torcera pelo vencido, teve medo, para não dizer terror. Se lessem em seu íntimo o segredo, estava perdido. Mas todos cantavam, sambavam com alegria tão pura que ele próprio começou a sentir um pouco de Flamengo dentro de si. Era o canto? Eram braços e pernas falando além da boca? A emanação de entusiasmo o contagiava e transformava. Marcou com a cabeça o acompanhamento da música. Abriu os lábios, simulando cantar. Cantou. Ao dar fé de si, disputava à morena frenética a posse de uma bandeira. Queria enrolar-se no pano para exteriorizar o ser partidário que pulava em suas entranhas. [...]

O pessoal desceu na Gávea, empurrando Eváglio para descer também e continuar a festa, mas Eváglio mora em Ipanema, e já com o pé no estribo se lembrou. Loucura continuar flamengo a noite inteira [...].

Segurou firme na porta, gritou: "Eu volto, gente! Vou só trocar de roupa" e, não se sabe como, chegou intacto ao lar, já sem compromisso clubista.

Carlos Drummond de Andrade. *Contos plausíveis*.
São Paulo: Companhia das Letras, 2012.
© Graña Drummond (<http://www.carlosdrummond.com.br>).

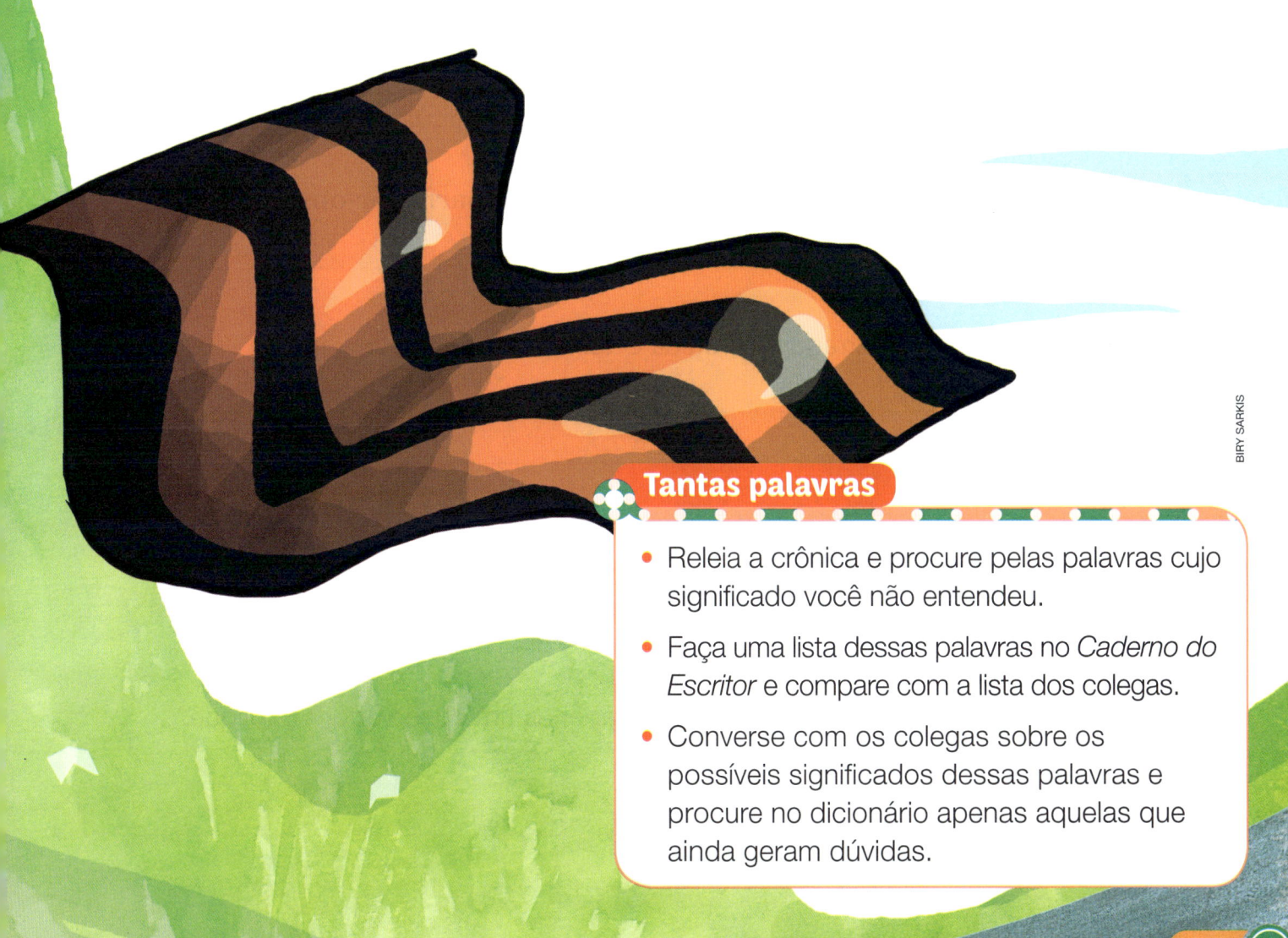

Tantas palavras

- Releia a crônica e procure pelas palavras cujo significado você não entendeu.
- Faça uma lista dessas palavras no *Caderno do Escritor* e compare com a lista dos colegas.
- Converse com os colegas sobre os possíveis significados dessas palavras e procure no dicionário apenas aquelas que ainda geram dúvidas.

Para compreender o texto

Um pouco de conversa

1. Converse com os colegas.

   a) Que times estavam jogando?

   b) Onde Eváglio estava na hora do jogo?

   c) Para quem Eváglio estava torcendo? Por quê?

   d) Qual foi o resultado do jogo?

   e) Eváglio gostou do resultado?

   f) Por que Eváglio passou a detestar todos os times de futebol?

Compreensão

> **Fique sabendo**
>
> A **crônica** narra um fato do cotidiano que envolve uma ou mais personagens. Trata-se de um texto em que geralmente é empregada uma linguagem simples, informal e descontraída.
>
> O narrador pode ser uma personagem da história ou um **narrador-observador**, que não participa da história.

2. Que fato do cotidiano é narrado na crônica *O torcedor*?

___

3. Quem são as personagens dessa crônica?

___

4. O narrador da crônica é uma personagem ou apenas um observador? Explique.

___

16

Para compreender o texto

5 Marque o quadrinho da foto que mostra uma festa de comemoração de campeonato de futebol.

- Por que Eváglio previa que a volta para casa seria um problema?

6 Releia este trecho da crônica.

    Lembrando-se de que torcera pelo vencido, teve medo, para não dizer terror. Se lessem em seu íntimo o segredo, estava perdido.

a) Qual era o segredo de Eváglio?

_____

_____

b) Sublinhe, no trecho, palavras ou expressões usadas pelo narrador para caracterizar a angústia de Eváglio caso os torcedores descobrissem o segredo.

Fique sabendo

    O autor extrai humor de situações que geralmente deixam as pessoas irritadas e tensas no dia a dia.

7 Releia os seguintes trechos da crônica.

a)
>   O Flamengo triunfou, e Eváglio deixou de ser atleticano para detestar todos os clubes de futebol, que perturbam a vida urbana com suas vitórias.

    1 Por que os clubes de futebol perturbam a vida na cidade?

_____

_____

_____

_____

Para compreender o texto

2 Que sentimentos Evágio teve diante da vitória do Flamengo?

☐ Raiva.   ☐ Orgulho.   ☐ Desprezo.   ☐ Alegria.

b) > Evágio sentiu-se dentro do Maracanã, até mesmo dentro da bola chutada por 44 pés.

- Escreva como Evágio se sentia nesse momento.
  _____
  _____

c) > Mas todos cantavam, sambavam com alegria tão pura que ele próprio começou a sentir um pouco de Flamengo dentro de si.

- E, agora, como Evágio se sente?
  _____
  _____

8 Assinale as alternativas que melhor representam o humor da crônica.

☐ O contraste dos sentimentos de Evágio no início e no final da história.

☐ A surpresa por ter chegado em casa são e salvo da festa.

☐ O medo do carnaval que aconteceria na rua caso o Flamengo fosse vencedor.

9 Essa história poderia ter acontecido na vida real? Explique.
_____
_____
_____

- Você acha que o fato de a crônica narrar fatos comuns de forma bem-humorada aproxima ou distancia o leitor dos acontecimentos? Explique.
  _____
  _____
  _____

De olho na linguagem

10. Observe a bandeira do Flamengo e explique por que ela é chamada de rubro-negra.

11. Releia esta frase.

Ao dar fé de si, disputava à morena frenética a posse de uma bandeira.

a) Qual é o significado da expressão **ao dar fé de si**?

☐ Ter uma religião.   ☐ Perceber-se.

b) Qual é o significado da expressão **disputava à**?

☐ Competia com.   ☐ Dividia com.

c) Agora, sem mudar o sentido, reescreva a frase usando as respostas dos itens **a** e **b** e fazendo os ajustes necessários.

_____

_____

12. Releia esta outra frase do texto.

Queria enrolar-se no **pano** para **exteriorizar** o **ser partidário** que pulava em suas **entranhas**.

• Ligue com um traço as palavras ou expressões destacadas ao seu significado.

13. Circule as palavras que têm significado próximo ao das que estão destacadas na frase.

A **emanação** de entusiasmo o **contagiava**.

Vídeo: Um time show de bola

exalação   contaminava   sensação   manifestação   influenciava   revelação

Para falar e escrever melhor

Gramática — Formação de palavras (composição)

1 Leia o texto a seguir.

> O **tangram** é um excelente quebra-cabeça. Sua origem é muito antiga. Segundo a lenda, um imperador chinês quebrou um espelho e, ao tentar remontá-lo, percebeu que as peças permitiam formar várias figuras. O tangram é constituído de sete peças e tem duas regras para montar as figuras: usar todas as peças e não sobrepô-las.

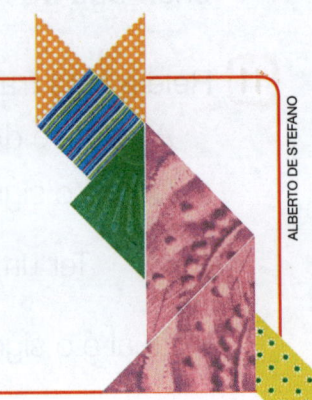
ALBERTO DE STEFANO

a) Seu professor vai orientá-lo a construir um tangram. Depois, com um pouco de tempo, paciência e muita imaginação, você e seus colegas podem se divertir montando figuras.

b) Encontre no texto e escreva uma palavra que é formada por um verbo unido a um substantivo por hífen.
_____

c) Procure no dicionário outras palavras formadas com esse mesmo verbo e escreva-as.
_____
_____

d) Escreva frases com duas das palavras que você encontrou no dicionário.
_____
_____
_____
_____
_____

e) Complete a frase a seguir com uma das opções do quadro.

| verbo | adjetivo | substantivo composto | substantivo simples |

Na palavra **quebra-cabeça**, o verbo e o substantivo se uniram e formaram um _____.

Para falar e escrever melhor

2 Escreva quatro substantivos compostos unidos por hífen com as palavras do quadro.

| feira | flor | guarda | perfeito | couve | chuva | amor | sexta |

a) substantivo + substantivo: _____

b) numeral + substantivo: _____

c) substantivo + adjetivo: _____

d) verbo + substantivo: _____

> A formação de uma nova palavra pela união de outras palavras da língua é chamada **composição**.

3 Escreva três substantivos compostos com as palavras do quadro.

| dourado | leão | cachorro | mico | azul | quente | arara |

a)
(substantivo + adjetivo)

b)
(substantivo + adjetivo)

c)
(substantivo + substantivo +adjetivo)

4 Escreva dois substantivos compostos usando os adjetivos indicados.

a) substantivo + adjetivo (**duro**) = substantivo composto

_____

b) substantivo + adjetivo (**doce**) = substantivo

_____

Para falar e escrever melhor

Ortografia — Palavras com pronúncia igual

1 Leia.

> Venham todos! A **sessão** de hoje será inesquecível.

> Comprem seus ingressos para o Circo Pirilampos, na **seção** de bilheteria, porque o espetáculo já vai começar!

> Para a garotada haverá uma **cessão** especial de brindes!

- Com os colegas, explique o significado das palavras destacadas nos balões.

> As palavras **sessão**, **seção** e **cessão** têm a mesma pronúncia, mas a grafia e os significados são diferentes.
> - **Sessão. 1.** Cada apresentação de filme, de circo etc. **2.** Tempo que dura um espetáculo, uma reunião, um trabalho.
> - **Seção. 1.** Parte de um todo; segmento; divisão; setor. **2.** Cada uma das divisões de um estabelecimento qualquer; repartição.
> - **Cessão. 1.** Ato de ceder, entregar ou dar por direito. **2.** Empréstimo; transferência a outro da posse de algo; doação.

2 Complete as frases com as palavras **sessão**, **seção** ou **cessão**.

a) Hoje não haverá _____ na Câmara dos Deputados.

b) A _____ de senhas para o atendimento será das 8 às 16 horas.

c) Mamãe e eu assistiremos ao filme logo na primeira _____.

d) Você sabe onde fica a _____ de brinquedos?

e) Eu adoro a _____ de quadrinhos do jornal!

Para falar e escrever melhor

3 Leia esta tirinha em voz alta e, depois, converse com os colegas.

ARMANDINHO   Alexandre Beck

a) Você sabe o que é **sesta** e como se pronuncia essa palavra?

b) Por que Armandinho e seu sapo de estimação adoram **cestas**, **sestas** e **sextas**?

> As palavras **cesta** e **sexta** têm a mesma pronúncia, mas a grafia e o significado são diferentes. Veja como essas palavras aparecem no dicionário.
> - **Cesta. 1.** Recipiente para guardar ou transportar objetos, feito de material diverso, com ou sem alças e tampa. **2.** Rede, no jogo de basquete, por onde deve passar a bola para valer ponto.
> - **Sexta.** Numeral ordinal e fracionário que corresponde a 6.

4 Complete as frases com as palavras **sexta**, **sexto**, **cesta** ou **cesto**.

a) Pedro, pegue a camiseta que está no _____ de roupas limpas, por favor.

b) Ele se esforçou muito, mas só chegou em _____ lugar.

c) Mamãe levou uma _____ de frutas para as crianças da creche.

d) Na próxima _____-feira, será disputada a final do _____ campeonato de basquete da escola.

e) Janeiro é o primeiro mês do ano. Junho é o _____.

Não confunda! C, S ou Ç

Meu pai ganhou um ____into de presente.

Não serviu! Por isso eu ____into que ele deve mudar sua alimenta____ão.

Para falar e escrever melhor

Oficina das palavras — Escrevendo com palavras compostas

1 Leia este trecho de notícia.

Palmeiras faz três no Atlético-PR em Curitiba e é vice-líder

[...] Os gols palmeirenses foram marcados por Marcos Rocha, Bruno Henrique e Willian.

O resultado levou a equipe alviverde, com 8 pontos ganhos, à segunda colocação no Campeonato Brasileiro, após quatro rodadas disputadas. Com 10 pontos, o Flamengo lidera a competição. [...]

Volante Bruno Henrique comemora gol com companheiros

Disponível em: <http://mod.lk/palmeira>. Acesso em: 24 maio 2018.

- Copie as palavras compostas empregadas no texto.

_____

2 Escolha, no quadro abaixo, três palavras compostas e crie uma notícia com elas.

| quarta-feira | vice-campeonato | pontapé | bate-bola |
| centroavante | meio-campista | tricolor | rubro-negro | arquirrival |

_____
_____
_____
_____
_____

24

Para falar e escrever melhor

Comunicação oral — Contando histórias divertidas

1 Você vai contar e ouvir histórias engraçadas.

> Crônicas, piadas e contos populares costumam narrar fatos do cotidiano em que as pessoas se envolvem em situações engraçadas. Geralmente são histórias curtas e com final inesperado.

- Leia esta piada. Ela serve de exemplo.

O taxista

Uma turista pega um táxi no aeroporto para ir ao hotel. O motorista parece mudo, pois não diz uma palavra sequer. Então a mulher toca no ombro dele para pedir uma informação:

— Por favor...

Ele leva um grande susto, perde o controle do carro e quase provoca um acidente. A turista se desculpa:

— Sinceramente, não sabia que o senhor ficaria tão assustado!

— Desculpe, senhora. É minha primeira viagem como taxista.

— E o que o senhor fazia antes?

— Por 20 anos fui motorista de carro funerário.

 **2** Escolha uma história bem divertida para contar a seus colegas de outra classe: uma crônica, uma piada ou um conto bem curto. Com a ajuda do professor, marquem um dia com outra classe para realizar a atividade.

Seja criativo! O modo de contar uma história faz com que ela fique ainda mais engraçada.

3 Ensaie o reconto da história escolhida para apresentá-la oralmente no dia combinado.

- Observe a entonação (frases exclamativas, interrogativas e declarativas) e ensaie os gestos, as pausas e o volume de voz.

Autoavaliação		
Utilizei entonação, volume de voz, pausas e gestos adequados?		
Contei uma história que meus colegas acharam engraçada?		
Ouvi atentamente a apresentação de meus colegas?		

TEXTO 2

Você vai ler três **poemas visuais**.
Antes de ler os poemas, olhe-os atentamente e observe a forma deles. Que imagens você vê?

Poema 1

Eu sou a hora. Mover até que me movo, mas demora.

Eu sou o minuto. Estou no entrelugar. Não preciso correr nem me arrastar.

Eu sou o segundo. Ando mais rápido que todo mundo.

Adriano Bitarães Netto. *Poesia dos pés à cabeça*.
São Paulo: Paulinas, 2013.

Poema 2

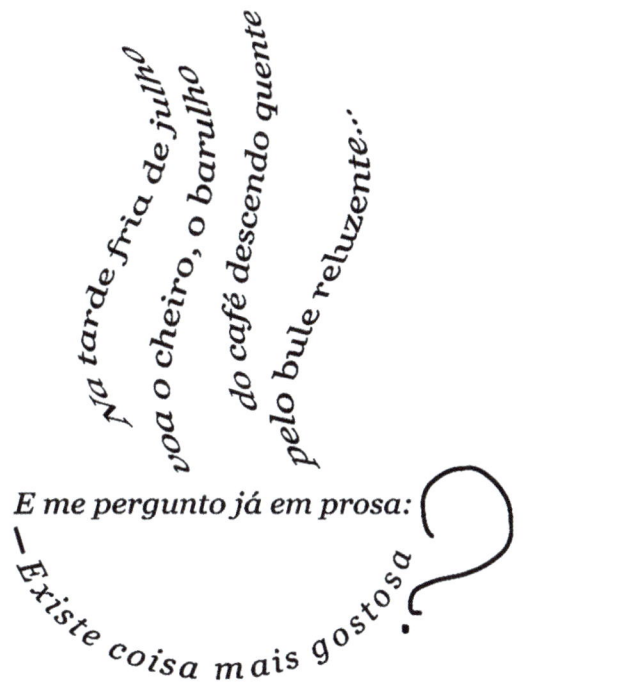

Na tarde fria de julho
voa o cheiro, o barulho
do café descendo quente
pelo bule reluzente...
E me pergunto já em prosa:
— Existe coisa mais gostosa?

Fabio Sexugi. *Xícara*. Disponível em: <http://mod.lk/xcara>. Acesso em: 19 abr. 2018.

Poema 3

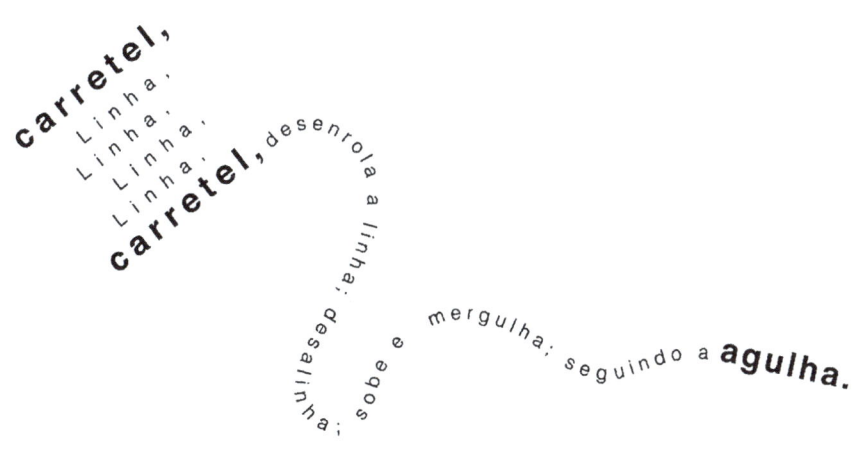

carretel, Linha, Linha, Linha, Linha, carretel, desenrola a linha; sobe e mergulha; seguindo a **agulha**. desalinha;

Gastão Debreix. Carretel. Em *Razão e sensibilidade*. São Paulo: Dgraus, 2011.

Para compreender o texto

Um pouco de conversa

1 Converse com os colegas.

a) O que os três poemas têm em comum?

b) No poema 1, cada ponteiro cumpre sua função. Qual é?

c) No poema 2, o que reforça a ideia do café quente?

d) No poema 3, observe as cores, o tipo de letra e a disposição das palavras. O carretel de linha está cheio ou vazio? Como você percebeu isso?

Compreensão

> **Fique sabendo**
>
> No **poema visual**, as palavras formam imagens e as imagens podem formar palavras. É como se o poeta fosse um "escultor" que trabalha o poema até que ele tenha a forma desejada.

2 Que partes do relógio o poeta usou para escrever o poema?

_____

- Por que ele usou tamanhos diferentes de letras?

_____
_____

3 Leia os significados das palavras **entre** e **lugar**.

> **entre (en.tre)** *preposição* O que está **entre** duas ou mais coisas, está no meio delas. *O ônibus chegará* **entre** *sete e oito horas. O controle remoto está* **entre** *as almofadas.*

> **lugar (lu.gar)** *subst.masc.* **1** Um certo ponto ou área determinada no espaço. *Gosto de conhecer* **lugares** *diferentes.*

Instituto Antônio Houaiss de Lexicografia.
Dicionário Houaiss Ilustrado. São Paulo: Moderna, 2016.

Para compreender o texto

- Pela leitura das definições de **entre** e **lugar**, explique por que o minuto está no **entrelugar**.

  _____
  _____

4 Releia o poema 2.

a) Que imagem ele forma?

  _____
  _____

b) O que o poeta fez para dar essa forma ao poema?

  _____
  _____
  _____

c) Por onde você começou a ler o poema: pela fumaça ou pela xícara?

5 Releia os versos do poema 2 e relacione-os ao desenho que eles representaram no poema.

> Na tarde fria de julho
> voa o cheiro, o barulho
> do café descendo quente
> pelo bule reluzente...

xícara

> E me pergunto já em prosa:
> — Existe coisa mais gostosa?

fumaça

6 Na segunda parte do poema 2, há um sinal de pontuação que representa uma parte da xícara.

a) Qual é esse sinal? _____

b) Que parte da xícara ele está representando?

  _____

c) Qual é a pergunta que o poeta faz?

  _____

Para compreender o texto

7 Releia o poema 3.

a) Que imagem as palavras **carretel** e **linha** formam?

_____
_____

b) Que imagens as outras palavras do poema formam?

_____
_____
_____

8 Assinale as alternativas verdadeiras em relação aos poemas lidos.

☐ Os três poemas são visuais.

☐ Os três poemas apresentam versos e rimas.

☐ Os três poemas falam sobre objetos do cotidiano.

☐ Os três poemas apresentam apenas imagem.

9 Você percebeu que nos poemas visuais a palavra e a imagem se unem para construir um significado? Que tal agora fazer seu próprio poema visual?

- Utilize os recursos que você observou nos poemas desta unidade.
- Seu professor vai ajudá-lo a pesquisar outros poemas visuais, se preciso.
- Faça um rascunho a lápis em seu caderno ou em uma folha de papel avulsa. Quando terminar, passe-o a limpo.
- Depois, escolha alguém de que goste para presenteá-lo com seu poema visual.

LER POR PRAZER

10 Converse com os colegas.

a) Você gosta de ler poemas?

b) O que achou de ler poemas que formam desenhos com palavras?

c) De qual poema gostou mais?

Para falar e escrever melhor

Gramática — Formação de palavras (derivação)

1 Leia este poema visual.

```
V V V V V V V V V V
V V V V V V V V V E
V V V V V V V V E L
V V V V V V V E L O
V V V V V V E L O C
V V V V V E L O C I
V V V V E L O C I D
V V V E L O C I D A
V V E L O C I D A D
V E L O C I D A D E
```

Ronald Azeredo. Em *Poesia fora da estante*. Porto Alegre: Projeto, 2002.

a) Que palavra o autor usou para criar esse poema? _____

b) Essa palavra foi formada a partir de outra (adjetivo) + uma terminação.

• Complete o esquema que mostra esse processo de formação da palavra.

| ⬇ | ⬇ | ⬇ |
| adjetivo | terminação | substantivo |

> A formação de uma palavra a partir de outra já existente é chamada de **derivação**.
>
> A derivação pode ocorrer com o acréscimo de um **prefixo** (no início da palavra) ou de um **sufixo** (no final da palavra). Exemplos:
>
> fazer ➡ **des**fazer   feliz ➡ feli**cidade**

2 Forme novas palavras usando os sufixos indicados.

a) rápido (ez): _____

b) cortês (ia): _____

c) cruel (dade): _____

d) esperto (eza): _____

e) bom (dade): _____

f) chato (ice): _____

Para falar e escrever melhor

3 Forme novas palavras acrescentando os prefixos indicados.

a) (re) ler: _____

b) (des) cortês: _____

c) (im) perfeito: _____

d) (des) contente: _____

> A derivação também pode ocorrer com o acréscimo de um **prefixo** e de um **sufixo** ao mesmo tempo.
> Exemplo: *entardecer* (**en** + tarde + **ecer**)

4 Forme palavras e escreva se são substantivos, verbos ou adjetivos.

a) **des** + fazer = _____

b) **en** + graça + **ado** = _____

c) **des** + congelar + **mento** = _____

5 Escreva como foram formadas estas palavras.

a) alegria: _____

b) beleza: _____

c) refazer: _____

d) infeliz: _____

> Por derivação, podemos formar substantivos a partir de adjetivos, de outros substantivos e também a partir de verbos.
>
> • Exemplos de substantivos formados a partir de adjetivos:
>   altivo ➡ altiv**ez**   belo ➡ bel**eza**   real ➡ real**eza**
>   bizarro ➡ bizarr**ia**   feliz ➡ felici**dade**   velho ➡ velh**ice**
>
> • Exemplos de substantivos formados a partir de outros substantivos:
>   boi ➡ boi**ada**   papel ➡ papel**ada**   laranja ➡ laranj**ada**
>
> • Exemplos de substantivos formados a partir de verbos:
>   estudar ➡ estuda**nte**   navegar ➡ navega**nte**   jogar ➡ joga**dor**
>   lavar ➡ lavat**ório**   casar ➡ cas**ório**   beber ➡ bebed**ouro**

Para falar e escrever melhor

6 Forme substantivos a partir dos adjetivos usando as terminações indicadas.

| nu | + ez | → _____ | mole | + eza | → _____ |
| pálido | | → _____ | esperto | | → _____ |

| cortês | + ia | → _____ | chato | + ice | → _____ |
| covarde | | → _____ | meigo | | → _____ |

| cruel | + dade | → _____ | fraterno | + dade | → _____ |
| bom | | → _____ | enfermo | | → _____ |

7 Forme substantivos a partir de outros substantivos utilizando a terminação indicada.

moça
macaco
agulha
jogo
braço
flor

+ ada

_____
_____
_____
_____
_____
_____

8 Complete o quadro.

Verbo	Substantivo
secar	
	furador
	gravador
	purificador
grampear	

Atividade interativa
Palavras primitivas e derivadas

Esquina da poesia

Ciranda, cirandinha,
vamos todos cirandar.
Vamos dar a meia-volta,
volta e meia vamos dar.
[...]

Da tradição popular.

33

Para falar e escrever melhor

Ortografia — As palavras POR QUE, PORQUE, POR QUÊ e PORQUÊ

1 Observe as falas destas cenas e, em seguida, responda às questões.

a) Escreva como as palavras em destaque nos balões de fala aparecem na pergunta e na resposta da primeira cena.

_____
_____
_____

> **Por que** equivale a "por que razão, por que motivo". Geralmente é usado no início de uma pergunta. Exemplo: **Por que** você está triste?
>
> **Porque** introduz uma explicação ou causa de alguma coisa. Em geral, é usado no início de uma resposta. Exemplo: **Porque** você não me deixa jogar.

b) Escreva como as palavras em destaque nos balões de fala da segunda cena aparecem grafadas:

- na pergunta: _____
- na resposta: _____

> **Por quê** também equivale a "por que razão, por que motivo", mas é usado no final de frases interrogativas. Exemplo: Você está triste **por quê**?
>
> **Porquê** é sinônimo de "motivo" ou "razão". Nesse caso, é um substantivo e é acompanhado do artigo **o**. Exemplo: Eu não sei **o porquê** da tristeza dela.

Para falar e escrever melhor

2 Reescreva as frases e complete-as com **por que**, **porque**, **por quê** ou **porquê**.

a) Você briga muito com seu irmão, ⭐?

_____

b) Explique a seus pais ⭐ vocês brigam tanto.

_____

c) Ninguém sabe o ⭐ das brigas entre você e seu irmão.

_____

d) ⭐ vocês não brincam em vez de brigar?

_____

e) Precisamos ouvir nossos pais, ⭐ eles gostam muito de nós.

_____

3 Complete as lacunas com **por que** ou **porque** e divirta-se com a piada.

O médico perguntou:

— _____ você tomou a medicação às seis da manhã se eu disse pra você tomar às nove?

— Doutor, era _____ eu queria pegar as bactérias de surpresa!

4 Observe o uso das palavras **porque**, **por que**, **porquê** e **por quê** nos itens abaixo.

- Escreva quando elas foram usadas corretamente e quando não foram.

a) CANTINA DA SERRA — Almoce aqui porque a comida é muito gostosa!

_____

c) Por que parou? Parou por quê?

_____

b) Os elefantes asiáticos estão em risco de extinção. Porquê?

_____

d) Não sei porque eu penso tanto em você...

_____

Para falar e escrever melhor

Memória visual

Gabaritando

As frases dos painéis devem ser completadas com as palavras da roda ao lado. As respostas devem ser escritas nas lacunas das frases.

- Reúna-se com um colega e decidam no par ou ímpar com qual dos painéis cada um vai jogar. Decidam também quem começará a responder.
- Em cada jogada, um colega lê para o outro a frase do painel que ele deve completar até que os dois completem todas as frases.
- No final do jogo, o professor vai copiar na lousa os dois gabaritos preenchidos, para que todos confiram as respostas e vejam quem foi o vencedor de cada dupla.

POR QUE
PORQUÊ
PORQUE
POR QUÊ
CESTA
SEXTA

Para falar e escrever melhor

PAINEL 1

1. _____ ela não quer ir ao teatro?
2. Não me interessa o _____ de você ter ido embora.
3. O jogador acertou uma _____ de três pontos.
4. Você não foi _____?
5. Só fiquei aqui esperando _____ ela ficou de vir.
6. No meu bairro _____ é dia de feira.
7. _____ você faltou à aula?
8. Estou contente _____ vou viajar.
9. Seu amigo não gostou da festa _____?

PAINEL 2

1. Chamamos você _____ precisamos da sua ajuda.
2. Quero saber _____ eles atrasaram.
3. Esta é a _____ vez que ele chega atrasado.
4. As aulas foram suspensas _____?
5. Vou visitar minha avó nesta _____-feira.
6. Desistiu de viajar? _____?
7. Acho que o clube está cheio _____ o dia está lindo.
8. Posso saber o _____ dessa briga?
9. Ganhei uma _____ de frutas do meu vizinho.

COMUNICAÇÃO ESCRITA

Hora de produzir um texto! Vá para a página 16 do **Caderno do Escritor.**

37

UNIDADE 2 — Eu entro em cena

Encenação da peça *A linha mágica* por A Fabulosa Companhia, 2014.

O que eu vejo

Observe a imagem e converse com os colegas.

- Que lugar é esse?
- O que as pessoas estão fazendo?
- Como elas parecem estar se sentindo?

O que eu sei

Agora, fale de você.

- Você costuma ir ao teatro?
- Já assistiu a alguma peça? Que emoções sentiu?
- Alguma vez participou de uma apresentação teatral? Como foi?

TEXTO 1

Você vai ler trechos de um **texto dramático**. Observe como ele é organizado de forma diferente das narrativas que você já leu.

LER POR PRAZER

A linha mágica

Áudio
A linha mágica

Cena 4

[...]

(Lisa se aproxima de Pedro e começa a canção "Pipa". Eles atravessam o palco, mas a música para de repente.)

Pedro – Não! Quebrou a linha!

Lisa – Quebrou. Vai cair longe.

Pedro – Minha pipa! Vamos lá pegar!

[...]

Lisa – Ah... eu não vou, Pedro! É uma floresta superescura lá!

Pedro – A gente acha.

Lisa – Eu vou pra casa. Tem lição. Aquele ditado, lembra?

Pedro – Vou fazer depois. A gente se vê amanhã. Eu vou lá.

Lisa – Boa sorte.

(Lisa sai.)

Pedro *(Vai em busca da pipa, pedindo a ajuda da plateia. Ele dá uma volta fora do palco, olhando para cima. Interação improvisada com a plateia.)* – Cadê minha pipa? Ela caiu? Alguém viu minha pipa por aqui?

Pedro – Será que caiu lá mesmo... dentro da floresta...

Cena 5

Animação
Cenário: Floresta
Música: "A floresta"

(Quando Pedro olha para o palco, este já se transformou em floresta. Luz verde. Pedro está num lugar desconhecido. Ele entra na floresta e dá uma olhada para a plateia. Ele está um pouco apreensivo, mas também fascinado. Procura por cima e por baixo. De repente aparece a pipa, pendurada no alto, atrás dele. As crianças indicam o objeto. Ele finge que não viu a pipa. O público o ajuda a achar. Então ele tenta pegar a pipa duas vezes. Fica bem frustrado. Bate o pé, insatisfeito. Vai tentar uma terceira vez quando surge atrás dele a mulher misteriosa.)

Mulher – Mas quanta insatisfação, Pedro!

Pedro – Como você sabe o meu nome?

Mulher *(Em vez de responder, ela desvia o olhar para a pipa.)* – Tá tentando pegar alguma coisa?

Pedro *(pulando e não tão interessado nela)* – É que a minha pipa ficou presa ali na árvore. *(Ele mostra a carretilha.)* A linha quebrou.

Mulher – A linha? Tenho uma linha também. *(Ela mostra o novelo que estava escondido, atrás dela.)*

Pedro – O que é essa linha?

Mulher – Sabe, esta aqui é mágica!

Pedro – Mágica?

Mulher – É uma linha mágica. É!

Pedro – Como assim?

Mulher – Esta aqui é a linha da sua vida, Pedro.

(Ele tenta pegar.)

Mulher *(tirando o novelo do alcance dele)* – Cuidado! Não toque nela, não! Se você puxar, o tempo passa mais rápido, sabe? E sua vida vai pular para a frente.

Pedro – Nossa!

Mulher – Basta dar um leve puxão na linha... e uma hora vai passar como se fosse num segundo.

Pedro – Uma hora? Num segundo?

Mulher – Uma hora... Um dia... Uma semana... Um mês! Você quer, Pedro?

(Durante esse diálogo, a mulher oferece e afasta a linha de Pedro. Pedro fica dividido entre a vontade de aceitar ou não a oferta.)

Pedro – Quero.

Mulher – Tem certeza?

Pedro *(depois de hesitar)* – Sim.

Mulher – Então é sua. *(Ela coloca a linha mágica na mão dele e pega a carretilha da pipa.)* Mas, Pedro, toma cuidado, viu? Você tem de guardar a linha em segredo. Se não... ela não vai funcionar. Usa isso aqui. *(Ela aponta para a sua cabeça.)* A linha não é um brinquedo, viu? Se você usar demais, a sua vida vai passar assim ó! Num piscar de olhos. Sempre pense bem antes de usá-la, Pedro. *(A pipa cai da árvore em que estava pendurada. Pedro a apanha no chão.)*

Pedro *(virando-se e olhando para a mulher)* – Olha! Caiu!

(Mas a mulher já tinha desaparecido. Para a plateia.)

– Vocês viram? Uma linha mágica? Será que é de verdade? [...]

(Pedro sai de cena intrigado.)

Sean Taylor.
A linha mágica.

- Ficou curioso para saber a continuação? Será que essa linha é mesmo mágica? Faça as atividades e depois leia mais um trecho do texto na página 51.

Para compreender o texto

Um pouco de conversa

1 Converse com os colegas.

a) O que poderá acontecer com Pedro?

b) Ao ler o texto, você conseguiu imaginar como são as personagens, as cenas e os cenários somente pelas indicações?

c) Ao dar o novelo a Pedro, a mulher lhe diz:

[...] sua vida vai passar assim ó! Num piscar de olhos.

- Que gesto ela teria feito acompanhando a fala?

Compreensão

Fique sabendo

O **texto dramático** é um texto escrito para ser encenado, isto é, representado por atores em um palco para uma plateia. Quando é encenado, a linguagem **verbal** (o texto) combina-se à linguagem **gestual** (gestos, expressões e ação dos atores) para transmitir emoção, provocar reflexão e garantir o entretenimento do público.

Ele é constituído de um texto principal, que são as **falas** das personagens.

Há também um texto secundário, que são as **rubricas**, isto é, as indicações de cenário, fundo musical, gestos, entonação de voz e movimentação de atores.

2 Quais são as personagens que aparecem nesse trecho do texto?

_____

3 No início do texto, a música "Pipa", que acompanha a brincadeira do menino, para de repente. O que aconteceu nesse momento?

_____

4 Há uma mudança de cenário da Cena 4 para a Cena 5. Por quê?

_____

_____

Para compreender o texto

5 Pelas pistas que o texto dá, qual das imagens a seguir está mais próxima das características da floresta da história? Marque com X a resposta.

- O que você observou no texto para assinalar essa imagem?

_____
_____
_____

6 Qual é a personagem geradora do conflito na história? Por quê?

_____
_____

> **Fique sabendo**
>
> No texto dramático, pode haver três tipos de fala:
> - **o monólogo** – quando a personagem fala consigo mesma, expondo seus pensamentos;
> - **o diálogo** – quando duas ou mais personagens conversam;
> - **o aparte** – quando a personagem faz comentários sem que os interlocutores ouçam, geralmente dirigindo-se à plateia.

7 Quais tipos de fala é possível reconhecer no texto?

☐ Monólogo.   ☐ Diálogo.   ☐ Aparte.

8 Em determinado momento, Pedro pede a ajuda da plateia para encontrar a pipa.
- Que sensação essa interação da personagem com a plateia provoca no espectador?

Para compreender o texto

9 Nos textos narrativos, o narrador é um elemento muito importante. É ele quem conta a história. Ele pode participar da ação ou apenas observar o que ocorre. E no texto dramático? Existe um narrador? Como a história se desenvolve?

_____

_____

_____

De olho na linguagem

10 Leia estas falas e observe as palavras destacadas.

Pedro – Vou fazer depois. **A gente** se vê amanhã. Eu vou lá.

Pedro [...] – **Cadê** minha pipa? Ela caiu? Alguém viu minha pipa por aqui?

a) Pedro usa uma linguagem do dia a dia, mais informal, para falar com Lisa. Você acha que essa linguagem combina com a personagem? Por quê?

b) Substitua as palavras destacadas por outras em linguagem mais formal.

_____

_____

_____

_____

Fique sabendo

As **reticências** (...) marcam a interrupção ou suspensão da fala ou de um pensamento em uma frase. Elas também são usadas para representar sentimentos e sensações, como suspense, ironia, surpresa, tristeza, dúvida etc.

Quando há supressão de palavras ou de um trecho do texto, as reticências são indicadas entre colchetes **[...]**.

11 No trecho "Será que caiu lá mesmo... dentro da floresta...", as reticências indicam:

☐ supressão de palavras. ☐ dúvida.

☐ ironia. ☐ tristeza.

45

Para falar e escrever melhor

Gramática — **Pronome pessoal**

1 Leia.

[...] Esse assunto fez lembrar que lá na Jureia tem um rapaz que se chama Clayton. **Ele** adora pegar caxeta e construir coisas: rabeca, viola, tambor e até pandeiro **ele** faz. Um dia, o Renerval, pai dele, falou assim: *Ô, Clayton, por que você não inventa uma arma para acabar com as mutucas?* **Ele** matutou, até que fez uma coisa que parecia uma espingarda. E explicou: *Ela faz tanto, mas tanto barulho que todas as mutucas vão fugir apavoradas e nunca mais voltarão.*

Marie Ange Bordas e as crianças da Barra do Ribeira. *Manual da criança caiçara.* São Paulo: Peirópolis, 2011.

a) Você sabe o que é "caxeta"? E "mutuca"?

b) A quem ou a que se refere cada um dos pronomes destacados no texto?

_____
_____

c) Copie a segunda frase do texto substituindo o pronome pelo substantivo a que se refere.

_____
_____

d) Na sua opinião, para que servem os pronomes?

Pronome pessoal é a classe de palavra usada no lugar de um substantivo.
Exemplo: **Clayton** adora construir coisas. **Ele** adora construir coisas.

- substantivo
- pronome pessoal

São pronomes pessoais:
- 1ª pessoa: *eu, me, mim, comigo – nós, nos, conosco*
- 2ª pessoa: *tu, te, ti, contigo – vós, vos, convosco*
- 3ª pessoa: *ele(a), o, a, se, lhe, si, consigo – eles(as), os, as, se, lhes, si, consigo*

Para falar e escrever melhor

2 Circule os pronomes pessoais das frases abaixo.

a) Gulliver se assustou com o rei em sua barriga.

b) Eu me considero uma pessoa simples.

c) Susi foi indelicada contigo?

d) Todos eles foram gentis comigo.

3 Sublinhe os pronomes pessoais das frases abaixo.

- Depois, escreva a que pessoas gramaticais esses pronomes correspondem.

a) Dei-lhe um presente ontem. _____

b) Zezo vai conosco ao zoo. _____

c) Coube a mim fazer o bolo. _____

d) Vamos nos unir contra a violência! _____

e) Eles romperam o noivado. _____

f) Laura gosta de ti. _____

4 Leia.

Era uma vez um menino que tinha duas irmãs. **Elas** dormiam num quarto, e **ele**, noutro. Essas crianças ficavam muito em casa e quase não tinham amigos. Só na escola. Então, as meninas se trancavam no quarto delas para brincar de casinha. Uma era a mãe, e a outra, a filha. Ou então, a outra era a mãe, e a uma, o marido.

De vez em quando, **elas** convidavam o irmão para ser o filho ou o marido. Mas **ele** não gostava muito.

> Flavio de Souza. *Uma menina, um menino:*
> *papel de carta, papel de embrulho.*
> São Paulo: Scipione, 2005.

- Escreva a quem se refere cada um dos pronomes destacados.

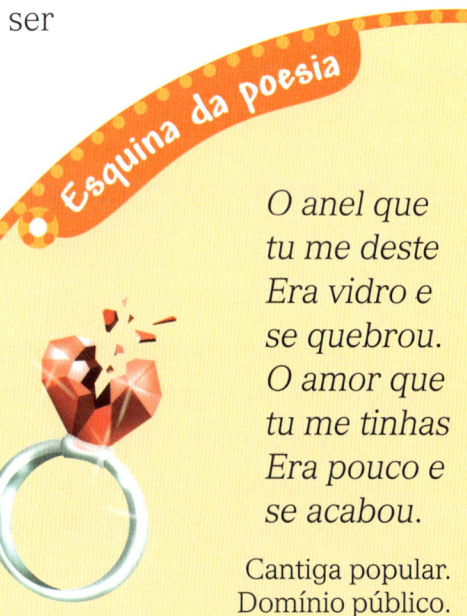

_____
_____
_____
_____

Esquina da poesia

O anel que
tu me deste
Era vidro e
se quebrou.
O amor que
tu me tinhas
Era pouco e
se acabou.

Cantiga popular.
Domínio público.

Para falar e escrever melhor

Ortografia — Acentuação de palavras monossílabas, oxítonas e proparoxítonas

1 Apenas a ponte em que todas as palavras devem ser acentuadas leva o menino à outra margem do rio. Qual é ela?

Ponte de cima: BAMBU, MEDICO, GUARANI, SOL, OLA, CAFE, SACI

Ponte de baixo: ROBO, CONVES, CIPO, SOFA, VINTENS, PURE, SABADO

2 Leia esta resenha.

"Dudu do Cavaco Convida" é o CD de estreia de Eduardo Gontijo e também o primeiro álbum completo lançado por um músico com Síndrome de Down no Brasil. [...]

O CD poderá ser encontrado nas palestras e *shows* do Dudu do Cavaco e do seu irmão e parceiro, Leonardo Gontijo, [...] a partir de 20 de novembro. [...]

Disponível em: <http://mod.lk/cavaco>. Acesso em: 20 abr. 2018.

- Circule as palavras **proparoxítonas**, sublinhe com um traço as **monossílabas tônicas** e com dois traços as **oxítonas** com acento gráfico.

As **palavras monossílabas tônicas** terminadas em A, AS, E, ES, O, OS são acentuadas. Exemplos: *pá, gás, pé, mês, pó, nós*.

As **palavras oxítonas** terminadas em A, AS, E, ES, O, OS, EM, ENS são acentuadas. Exemplos: *poderá, sofás, chaminé, viés, vovô, xodós, também, parabéns*.

Todas as **palavras proparoxítonas** são acentuadas. Exemplos: ***mú**sico,* ***sín**drome,* ***rá**pido, re**lâm**pago,* ***ô**nibus,* ***só**lido*.

Para falar e escrever melhor

3 Leia estas palavras em voz alta.

exército	retângulo	incrível	Ângelo	português
beleza	mínimo	código	invisível	máquina
vatapá	enchente	melancia	célula	hipopótamo

a) Copie as palavras oxítonas.
_____

b) Agora, copie as palavras proparoxítonas.
_____
_____
_____

4 Copie as frases substituindo as figuras por palavras.

a) Vovó deu um [nó] no fio de lã.
_____

b) O pedreiro recolheu a terra com a [pá].
_____

c) O jogador fez **3** cestas nos minutos finais do jogo.
_____

5 Escreva o nome de cinco estados brasileiros que são palavras oxítonas acentuadas.
_____

6 Escreva o nome de três frutas que são palavras oxítonas não acentuadas.
_____

7 Acentue as palavras se necessário.

transito	cerebro	rustico	pendulo	timido
comodo	marmore	matematica	musica	relampago
principe	oculos	escandalo	modulo	sabado

• O que você observou?

Para falar e escrever melhor

Oficina das palavras — Evitando repetições

1 Leia o texto e observe o uso dos pronomes pessoais.

Um menino chamado João
A vida do menino Guimarães Rosa

João Guimarães Rosa era um menino muito esperto, assim como a maior parte dos leitores da *CHC*. Antes de ser um dos maiores escritores brasileiros, **ele** viveu uma vida simples em uma fazenda no interior de Minas Gerais. Nasceu em 1908 e morreu em 1967, mas deixou sua obra viva e admirada por muitos.

Ele era um menino encantado. Encantador? Não, encantado mesmo. Desde pequeno, João foi enfeitiçado pela palavra ou por muitas **delas** juntas no papel. Criou romances que dão asas à nossa imaginação. A maior parte tem como cenário o sertão, a área rural que tanto marcou sua infância, entre bois e vaqueiros, quando adorava ler e colecionar insetos.

Que tal dar um pulinho no passado para conhecer esse respeitado escritor?

Disponível em: *Ciência Hoje das Crianças*, <http://mod.lk/jgrosa>. Acesso em: 19 abr. 2018.

a) Circule no texto os substantivos que os pronomes **ele** e **delas** estão substituindo.

b) Nas frases: "nasceu em 1908", "criou romances" e "adorava ler", que pronome ficou escondido? _____

2 Escreva um parágrafo sobre seu escritor preferido.

- Indique quando ele nasceu, onde vive ou viveu, o livro escrito por ele de que você mais gosta e outras informações que considerar importantes.

Aproveite o que já sabe! Evite repetir palavras.

Para falar e escrever melhor

Comunicação oral — Dramatizando

1 Leia um trecho da Cena 6 do texto *A linha mágica* e saiba o que Pedro está pensando fazer com essa linha.

(Depois de jantar, Pedro entra no seu quarto e olha a linha mágica. Então ele deita na cama. Acorda. Prepara-se para a escola. Lisa chega. Ele mostra que achou a pipa. Eles seguem o mesmo percurso para a escola. Sentam-se nas carteiras.)

Música: "O professor"

Voz do professor entediante – Bom dia, crianças. Abram o livro na página 75. Página 75, por favor. PÁGINA 75!! Hoje nós vamos estudar um tipo de rocha muito interessante: a rocha sedimentar.

[...]

(Desta vez, Pedro não é tão brincalhão. Ele abre o livro e cai um monte de papéis. Ele pega os papéis desanimado. Parece sonolento, entediado. Durante a explicação, ele olha a linha dentro da mochila entreaberta... até que ele a pega.)

Pedro – Será que eu puxo a linha mágica? Ela falou que uma hora passará como se fosse um segundo. Talvez eu consiga terminar a aula! Ia ser muito bom, né? Mas ela falou que tem de usar com cuidado. O que vocês acham? Nem sei se é mágica mesmo. Deve ser uma brincadeira, né? Ou, quem sabe, se eu puxar, todos nós vamos parar em 2030! Eu devo puxar? *(Ele pede a opinião das crianças e, se elas são a favor ou não, fala)* Vou dar só uma puxadinha.

(Suspense... puxa a linha.)

Sean Taylor. *A linha mágica*.

2 Em dupla, ouçam as orientações do professor e façam uma leitura expressiva desse trecho.

Autoavaliação	👍	👎
Transmiti em minha fala a emoção vivida pela personagem?		
Usei expressão corporal de acordo com a fala?		
Segui as orientações das rubricas e a pontuação das falas?		

TEXTO 2

Você vai ler agora a **resenha crítica** da peça teatral *A linha mágica*. Observe a opinião do resenhista sobre a montagem da peça.

LER PARA SE INFORMAR

http://mod.lk/teatro

Crítica: Peça sobre viagem no tempo acerta na combinação de real e virtual

Gabriela Romeu
Especial para a Folha, 23/10/2012 7h42

A linha mágica, espetáculo de estreia de A Fabulosa Companhia, é marcado pelo frescor das interpretações do elenco, por delicadas composições musicais entoadas ao vivo e por uma história bem contada.

Com texto de Sean Taylor, a peça traz as aventuras de Pedro, um menino apressado que ganha de uma bruxa um carretel de linha que faz o tempo avançar ou retroceder.

Thomas Huszar e Beatriz Mentone (2012).

Qual criança não puxaria a linha para pular os dias de prova de matemática? Mas a vida do garoto passa num piscar de olhos.

Interpretado pelo carismático Thomas Huszar, o menino Pedro tem facilmente a plateia nas mãos, que logo vira cúmplice do protagonista.

Já a atriz Beatriz Mentone, que faz o papel de Lisa, amiga de Pedro, tem flexibilidade para encarnar personagens e vozes diversas — bruxa, sargento ou mãe.

O jogo entre o real e o virtual é um dos muitos acertos da peça. O elenco interage com as projeções de ilustrações e animações bem-humoradas (Adriana Meirelles) num telão-cenário.

A tecnologia é usada a serviço da história — e não o contrário, como é comum em muitas montagens.

Avaliação: ótimo.

Indicação do "Guia": a partir de 5 anos.

Disponível em: <http://mod.lk/teatro>.
Acesso em: 19 abr. 2018.

Para compreender o texto

Um pouco de conversa

1 Converse com os colegas.

a) De que espetáculo trata a resenha que você leu?

b) Na sua opinião, essa resenha é útil para quem?

Compreensão

> **Fique sabendo**
>
> A **resenha crítica** é um texto de opinião sobre uma obra, que pode ser um livro, um filme, uma peça de teatro ou outro espetáculo. É escrita por um crítico ou por um especialista e costuma ser publicada em jornais, revistas ou *sites* de programação cultural.
>
> A resenha crítica geralmente apresenta:
> - dados da obra, como título, data, gênero, autor, diretor;
> - resumo da obra;
> - comentários gerais sobre a obra;
> - opinião sobre a obra.

2 Indique os dados da obra resenhada: título, autor, atores e público a que se destina.

3 Em quais parágrafos está o resumo da peça? _____

4 Como a resenhista avaliou o espetáculo? _____
- Sublinhe no texto os aspectos que ela observou para chegar a essa avaliação.

5 Para comentar a atuação dos atores, geralmente o resenhista apresenta algumas características deles.

a) Que adjetivo caracteriza o ator Thomas Huszar? _____

b) Qual personagem ele interpreta? _____

c) Qual adjetivo você pode dizer que caracteriza a atriz Beatriz Mentone?

_____

d) Quais personagens ela interpreta?

_____

Para compreender o texto

6 Releia o trecho a seguir.

A tecnologia é usada a serviço da história — e não o contrário, como é comum em muitas montagens.

- Qual é a opinião da resenhista sobre peças teatrais que usam tecnologia?

_____
_____
_____

De olho na linguagem

7 Observe este trecho.

[...] o menino Pedro tem facilmente a plateia nas mãos, que logo vira cúmplice do protagonista.

a) A palavra **protagonista** está substituindo quais palavras? _____

b) Quem vira cúmplice? _____

c) Procure no dicionário os significados da palavra **cúmplice**. Qual deles se aplica ao texto? _____

d) O que significa ter a plateia nas mãos? _____
_____

> **Fique sabendo**
>
> Os **parênteses ( )** são usados para isolar partes do texto que apresentam explicações, informações acessórias, marcações cênicas ou comentários.

8 Releia este trecho de *A linha mágica*.

(Lisa se aproxima de Pedro e começa a canção "Pipa". Eles atravessam o palco, mas a música para de repente.)

a) O emprego dos parênteses tem a finalidade de:

☐ destacar dados biográficos.

☐ apresentar uma informação acessória.

☐ indicar marcações cênicas.

b) No texto da resenha crítica que você leu, os parênteses foram usados com a mesma função? Por quê?

Para falar e escrever melhor

Gramática — Pronome demonstrativo

1 Leia a tirinha.

MUNDO MONSTRO — Adão Iturrusgarai

— Que é isso?
— Um detector de falsos elogios! Eu que inventei!
— Que invento fantástico!!! Meu, você é um gênio!!!
— TU TU TU TU TU TU TU TU

a) Qual é o assunto da conversa?

b) O inventor foi bem-sucedido?

c) A que a palavra **isso** se refere?

d) A palavra **isso** indica:

☐ que o invento está perto da personagem que faz a pergunta.

☐ que o invento está perto da personagem que responde à pergunta.

☐ que o invento está distante das personagens que estão conversando.

Os **pronomes demonstrativos** indicam a posição dos seres em relação às pessoas gramaticais.

- **Este, esta, estes, estas, isto** – indicam que o ser de que se fala está perto da pessoa que fala.
  Exemplo: *Este livro aqui é meu.*

- **Esse, essa, esses, essas, isso** – indicam que o ser de que se fala está perto da pessoa com quem se fala.
  Exemplo: *Por favor, pegue essa fatia para mim?*

- **Aquele, aquela, aqueles, aquelas, aquilo** – indicam que o ser de que se fala está longe das pessoas que estão conversando.
  Exemplo: *Quero aquele lanche ali.*

Para falar e escrever melhor

2 Leia este diálogo.

— Rafa, pegue esse lápis para mim, por favor.

— Mas este lápis é meu, Lúcia. Acho que o seu é aquele.

- Escreva perto de quem está o lápis, de acordo com os pronomes.

   a) **Esse**: _____

   b) **Este**: _____

   c) **Aquele**: _____

   d) **Este** e **esse** se referem a qual substantivo? _____

   e) Por que o pronome **aquele** não está acompanhado do substantivo ao qual se refere?
   _____
   _____

3 Leia a tira.

GARFIELD   Jim Davis

(Quadro 1) CERTO, HOMENS!
(Quadro 2) PUXEM... ISSO!!!
(Quadro 3) ISSO NÃO ME CHEIRA BEM... TRAGAM O CACTO GIGANTE!

a) O que as aranhas estão fazendo?
_____
_____

b) No terceiro quadro, a que Garfield está se referindo quando usa o pronome **isso**?
_____

c) A palavra **isso**, no segundo quadro:

   ☐ está se referindo ao Garfield.

   ☐ está se referindo à aranha.

   ☐ está sendo usada como interjeição.

56

Para falar e escrever melhor

Ortografia — Acentuação de palavras paroxítonas

1 Escreva o nome de cada ilustração.

- Depois, circule a sílaba tônica de cada palavra.

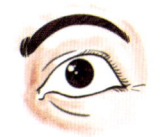

_____   _____   _____

_____   _____   _____

_____   _____   _____

2 Acentue as palavras do quadro quando necessário.

biceps	facil	orfã	forum	albuns
amavel	senhora	acidente	tenis	bonus
carater	fenix	juri	almoço	polen
torax	assado	gratis	orgãos	labio

a) Como se classificam essas palavras quanto à posição da sílaba tônica?

b) Agora, complete o quadro com as palavras que você acentuou.

l, n, r, x, ps	
um, uns	
ão(s), ã(s)	
i, is, us	
ditongo	

Para falar e escrever melhor

3 Sublinhe, no trecho de resenha abaixo, as palavras paroxítonas.

[...] Ambientado na Espanha, o longa retrata a história de Ferdinando, um animal sensível que ama cheirar flores e que, ao contrário dos bezerros com os quais convive, tem aversão a qualquer tipo de violência e briga. [...] Ao mostrar as aventuras do touro pacifista que questiona o destino que lhe impõem, o filme levanta questões como aceitar as diferenças e não julgar pela aparência.

Cena da animação *O touro Ferdinando*, 2017.

Victoria Azevedo. Disponível em: <http://mod.lk/touro>. Acesso em: 19 abr. 2018.

- Explique por que algumas paroxítonas são acentuadas.
  _____
  _____
  _____

4 Pesquise e escreva duas palavras paroxítonas acentuadas para cada um destes grupos de palavras.

a) Terminadas em **l**, **n**, **r**, **x**, **ps**. _____
_____
_____

b) Terminadas em **um**, **uns**. _____
_____

c) Terminadas em **ão(s)**, **ã(s)**. _____
_____

d) Terminadas em **i**, **is**, **us**. _____
_____
_____

e) Terminadas em **ditongo**. _____
_____

Para falar e escrever melhor

5 Assinale a sequência de palavras paroxítonas acentuadas.

- [ ] táxi — café — sofá — remédio
- [ ] irmãs — órgãos — médico — cérebro
- [ ] tríceps — ágil — médium — possível

6 Acentue as palavras e escreva nos quadrinhos A, B, C ou D.

- A Terminadas em **ão** ou **ã**.
- B Terminadas em **i** ou **is**.
- C Terminadas em **ditongo**.
- D Terminadas em **r**.

[ ] orfão	[ ] indio	[ ] lapis	[ ] martir	[ ] tenis
[ ] magoa	[ ] serio	[ ] Mario	[ ] carater	[ ] ansia
[ ] juri	[ ] espontaneo	[ ] orfã	[ ] benção	[ ] Cesar

7 Acentue as palavras quando necessário.

- Depois, circule somente as paroxítonas acentuadas.

a) A materia era facil: poligonos e frações.

b) A matematica tem seus misterios.

c) Nos albuns da escola, nossas fotos têm um brilho impar.

d) A secretaria ja sabe o nome de todos nos.

e) No meu estojo cabem regua, lapis, canetas e ainda sobra espaço.

> **Audiovisual**
> *Acentuação*

8 Desafio.

- Descubra quatro nomes de pessoa que estão escondidos nas palavras abaixo e circule-os.

> **Dica**
> Todos os nomes são palavras paroxítonas acentuadas.

PELÚCIA   **CAMÉLIA**   **ARMÁRIO**   **CALENDÁRIO**

Não confunda! (S, Z ou X)

a___eite	pre___ervar	pesqui___a	e___emplo
e___ército	an___ol	portugue___a	Ama___onas
avi___o	pra___o	e___agerado	fraque___a

Para falar e escrever melhor

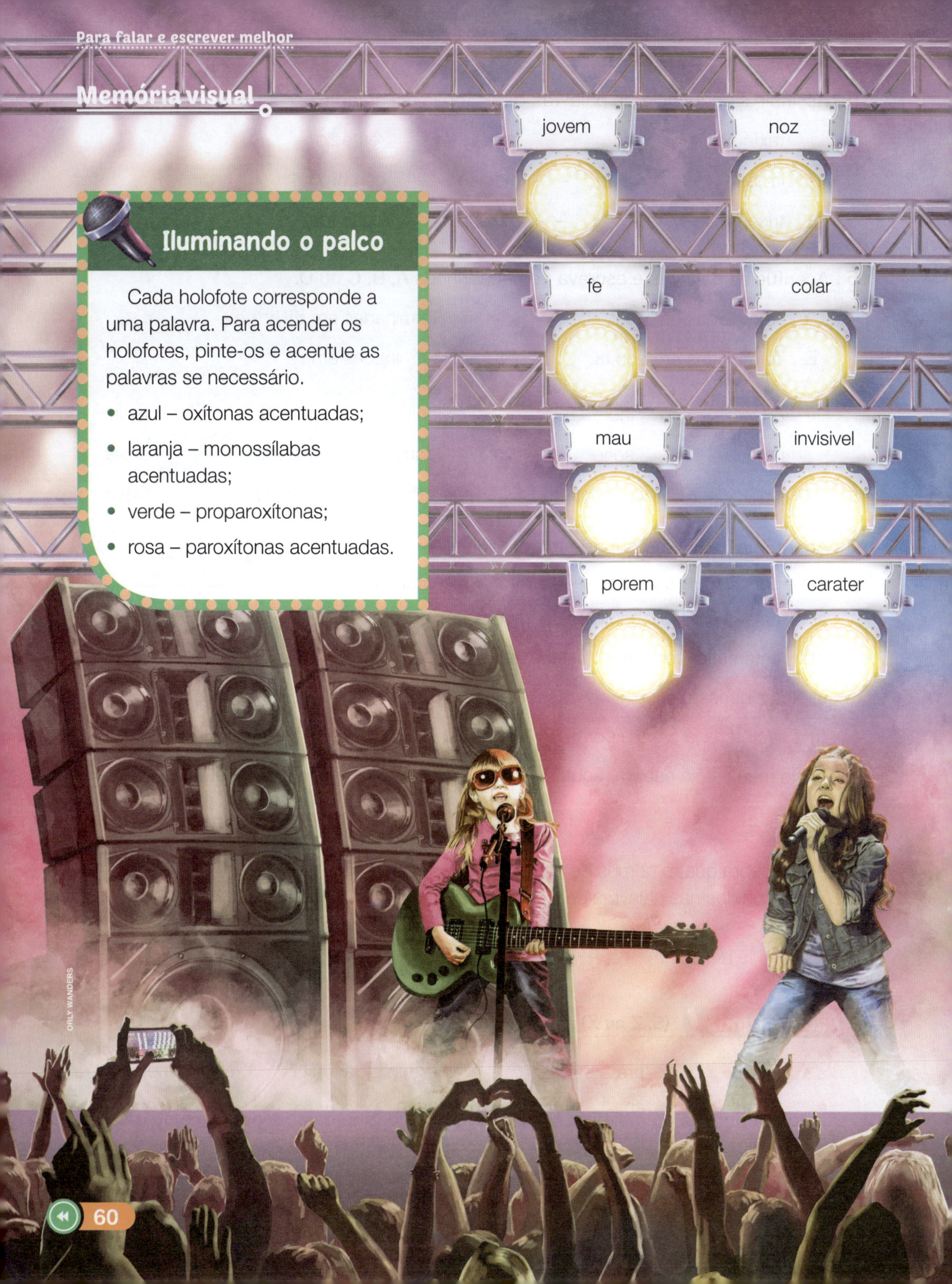

Memória visual

Iluminando o palco

Cada holofote corresponde a uma palavra. Para acender os holofotes, pinte-os e acentue as palavras se necessário.

- azul – oxítonas acentuadas;
- laranja – monossílabas acentuadas;
- verde – proparoxítonas;
- rosa – paroxítonas acentuadas.

jovem noz

fe colar

mau invisivel

porem carater

Para falar e escrever melhor

| logica | agua | cipo | naufrago | maquina |

| xara | taxi | quati | anel | luz |

| urubu | mar | mes | conves | feliz |

| hoje | po | recem | mel | tras |

COMUNICAÇÃO ESCRITA

Hora de produzir um texto! Vá para a página 20 do **Caderno do Escritor**.

61

UNIDADE 3 — Eu me comunico

CALVIN E HAROLDO
by WATTERSON

Audiovisual
Como nos comunicamos?

O que eu vejo

Observe a imagem e converse com os colegas.

- O que Calvin está fazendo?
- Na sua opinião, por que ele está fazendo isso?
- É possível compreender as mensagens dele?

O que eu sei

Agora, fale de você.

- Como você costuma se comunicar com seus amigos?
- Como as pessoas podem se comunicar quando desconhecem a língua materna de um lugar que estão visitando?
- Você acha que a tecnologia pode auxiliar na comunicação? Como?

ESSE É O NOSSO FILHO! *AI, AI*

ESSAS FOTOS VÃO NOS LEMBRAR MAIS DO QUE NÓS QUEREMOS LEMBRAR.

CALVIN & HOBBES, BILL WATTERSON © 1990 WATTERSON/DIST. BY ANDREWS MCMEEL SYNDICATION

TEXTO 1

O texto a seguir é uma **história em quadrinhos**. Ela usa recursos gráficos e linguísticos para contar uma história. Leia e divirta-se!

LER POR PRAZER

CALVIN E HAROLDO — Bill Watterson

- ACHO QUE NÃO.
- DEFINITIVAMENTE NÃO.
- MM... NÃÃÃ...
- ESSE É UM POUCO MELHOR.
- UGHH.
- ISSO! PERFEITO!

CALVIN E HAROLDO by Watterson ©1993 dist. by Universal Press Syndicate

- O QUE É AGORA, CALVIN?
- NÃO. ABSOLUTAMENTE NÃO. DEVOLVA ISSO.
- MAMÃE DISSE QUE NEM PENSAR.
- GENTE GRANDE NÃO TEM GOSTO.

Bill Watterson. *Felino, selvagem, psicopata, homicida*. São Paulo: Best Expressão Social e Editora, 1996. v. 2.

Para compreender o texto

Um pouco de conversa

1 Converse com seus colegas.

a) Você já conhecia a personagem Haroldo?

b) O que Haroldo é de Calvin?

c) Onde a história acontece?

d) O que Calvin quer?

e) Você costuma acompanhar os adultos nas compras? Tem o hábito de pedir que comprem coisas, como Calvin?

Compreensão

Fique sabendo

Cada quadrinho representa uma cena da história que está sendo contada. Por isso, o **autor** seleciona as informações mais importantes e as comunica por meio de **recursos visuais** como estes:

- as **expressões do rosto** e do **corpo das personagens** demonstram suas características, pensamentos e emoções;
- o **cenário** mostra o lugar onde se passa a história;
- as **cores variadas** indicam diferentes momentos da narrativa.

2 Conte a um colega o que foi narrado na história de Calvin e Haroldo.

- Agora, responda.

a) O que você contou que não está escrito nos balões de fala?

_____
_____
_____

b) Qual narrativa foi mais longa: a contada por você ou a dos quadrinhos? Por quê?

_____
_____
_____

Para compreender o texto

3 A história está dividida em duas tiras. Observe atentamente a primeira.

CALVIN E HAROLDO — Bill Watterson

- Responda.

a) Quem está olhando para Haroldo? _____

b) Por que os quadrinhos mudam de cor?

_____
_____
_____

c) Além da mudança de cor, quais são as outras diferenças entre os quadrinhos? O que elas revelam?

_____
_____
_____

d) Qual é a intenção do autor ao usar balões de fala além de expressões corporais?

_____
_____

Para compreender o texto

4 Releia o terceiro quadrinho da tira superior. Observe a forma como a palavra **não** está escrita.

- Por que o autor escreveu a palavra dessa forma?

_____

_____

Fique sabendo

A escrita de **palavras em negrito**, o uso de **letras grandes** e a **repetição de letras** em algumas palavras também são **recursos visuais** que servem para indicar o tom de voz, os sentimentos e as reações das personagens diante de algum acontecimento.

5 Explique a fala de Haroldo no último quadrinho da história.

_____

_____

De olho na linguagem

6 Releia esta fala de Haroldo.

Isso! Perfeito!

a) O que ela significa na história?

_____

_____

b) Que sentimento é expresso nessa fala?

_____

c) As frases usadas por Haroldo são interjeições. Escreva frases que substituam essas interjeições.

_____

Fique sabendo

Nas histórias em quadrinhos, as **interjeições** são importantes recursos para expressar, com mais intensidade, emoções ou sentimentos como admiração, entusiasmo, alegria, dor, medo etc. Geralmente, são acompanhadas de **ponto de exclamação.**

Para falar e escrever melhor

Gramática — Pronome possessivo

1 Leia esta tirinha.

TURMA DA MÔNICA Mauricio de Sousa

— ME DÁ UM BEIJO E EU VIRO O SEU PRÍNCIPE!

SMAC!

— MINHA PRINCESA!!

a) De quem seria o príncipe?

_____

b) De quem é a princesa?

_____

c) O sapo cumpriu o que prometeu? Explique.

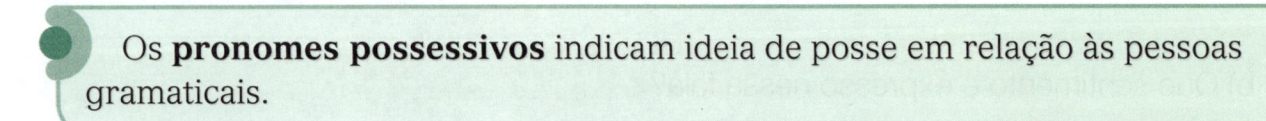

_____

_____

> Os **pronomes possessivos** indicam ideia de posse em relação às pessoas gramaticais.

2 Complete o quadro com as pessoas gramaticais correspondentes.

Audiovisual
Pronome: possessivo e demonstrativo

Pessoas gramaticais	Singular	Plural	Pronomes possessivos
			meu(s), minha(s), nosso(s), nossa(s)
			teu(s), tua(s), vosso(s), vossa(s)
			seu(s), sua(s)

68

Para falar e escrever melhor

3 Complete as frases com os pronomes possessivos relacionados às pessoas gramaticais destacadas.

a) **Eu** sonhei com _____ presente. **Você** sonhou com o _____?

b) **Elas** viajaram com _____ pais. **Nós** viajamos com os _____.

c) **Eu** te dou _____ figurinhas. **Tu** me dás as _____.

4 Escreva os pronomes possessivos que completam adequadamente os balões.

Somos irmãos. _____ mãe se chama Júlia.

Rui, Carlos e Bia são _____ primos. A mãe deles é _____ tia.

- Agora responda.

a) No segundo balão, a palavra **deles** se refere a quem? _____

b) Qual pessoa gramatical corresponde ao pronome usado no primeiro balão? Por quê?

_____

_____

c) Complete a frase de Carlos falando com o primo.

Júlia é _____ tia.

d) Agora, complete um comentário de Bia sobre a roupa do primo.

A camiseta _____ é cinza.

5 Escreva uma frase sobre seus amigos, usando pronomes possessivos.

_____
_____
_____

Esquina da poesia

Minha terra tem palmeiras,
Onde canta o sabiá;
As aves, que aqui gorjeiam,
Não gorjeiam como lá.

Nosso céu tem mais estrelas,
Nossas várzeas têm mais flores,
Nossos bosques têm mais vida,
Nossa vida mais amores.

Gonçalves Dias. *Canção do exílio.*
Domínio público.

Para falar e escrever melhor

Ortografia — ESA e EZA

1 Pinte as peças com a mesma cor da terminação que as completam.

| avar | baron | sutil | bel | surpr |

esa   eza

- Agora, escreva as palavras que você formou.

_____
_____

2 Complete as frases com substantivos derivados dos adjetivos entre parênteses.

a) Este hospital sempre foi cuidadoso com sua _____. (limpo)

b) A tradição cultural de um povo é parte de sua _____. (rico)

c) Todos se impressionaram com a _____ da bailarina. (leve)

d) Menino, não confunda _____ com malandragem! (esperto)

e) A autora aborda temas polêmicos com bastante _____. (sutil)

f) Antônio é um homem de grande _____. (nobre)

- Que terminação foi usada para formar substantivos derivados de adjetivos?
_____

3 Observe o feminino da primeira palavra e faça o mesmo com as palavras a seguir.

a) holandês: holandesa

b) escocês: _____

c) japonês: _____

d) duque: _____

e) marquês: _____

f) milanês: _____

- Que terminação foi usada para formar o feminino?
_____

70

Para falar e escrever melhor

> **Fique sabendo**
>
> A terminação EZA é empregada para formar substantivos derivados de adjetivos. Exemplos: belo – bel**eza**, triste – trist**eza**, rico – riqu**eza**, gentil – gentil**eza**.
>
> A terminação ESA é empregada para formar o feminino de adjetivos pátrios e de alguns substantivos. Exemplos: japonês – japon**esa**, barão – baron**esa**, camponês – campon**esa**.

4 Reescreva as frases com o feminino das palavras destacadas.

a) **O príncipe japonês** dançou durante todo o baile.

_____

b) **O cônsul holandês** deixou o salão antes da valsa final.

_____

c) **O barão norueguês** convidou o **marquês finlandês** para a festa.

_____

5 Ordene as letras e descubra as palavras.

> **Dica**
> Todas as palavras terminam em **esa** ou **eza**.

- p r a s s u r e →
- n e l i g e t a z →
- p a z e m l i →
- l i n a s e g →

• Agora, complete as frases com as palavras que você descobriu.

a) A prima de Marcela não é brasileira. Ela é _____.

b) Os amigos prepararam uma festa _____.

c) Pratique a _____!

d) Ricardo comprou vários produtos de _____.

Para falar e escrever melhor

Oficina das palavras — Usando pronome possessivo

1 Leia um cartaz que faz parte de uma campanha contra o abandono de animais.

> Seja responsável, abandonar animal É CRIME
>
> **Quando deixa um animal entrar na sua vida, a responsabilidade pelo bem-estar e futuro dele É SUA!**
>
> PREFEITURA FRANCA
> Trabalhando por você

Disponível em: *Portal da Prefeitura de Franca* <http://mod.lk/pfranca>. Acesso em: 4 maio 2018.

a) Sublinhe no texto os pronomes possessivos.

b) A quem esses pronomes se referem? _____

c) Que palavra foi usada no lugar de animal? _____

2 Crie um cartaz para uma campanha comunitária de adoção de animais abandonados.

- Lembre-se de usar pronomes possessivos para dialogar com o leitor do cartaz.

> **Organize seus pensamentos** antes de escrever o cartaz da campanha.

Para falar e escrever melhor

Comunicação oral — Encenando

As histórias em quadrinhos reúnem, com humor, desenhos, balões de fala e de pensamento, onomatopeias e muitos outros recursos visuais. Em alguns casos, o quadrinista usa apenas desenhos para contar suas histórias. Nesta unidade, você leu uma história em quadrinhos de *Calvin e Haroldo*, criada por Bill Watterson.

1 Agora, seu desafio será dar vida a uma personagem de histórias em quadrinhos, fazendo-a "saltar" do papel para encenar um episódio divertido.

2 Forme um grupo com alguns colegas e escolham uma história em quadrinhos que tenha pelo menos duas personagens (por exemplo, Calvin e Haroldo).

- Vocês podem reler a história em quadrinhos desta unidade ou escolher outra que considerem engraçada para encenar.
- Após a escolha, decidam os papéis de cada um.
- Montem a cena, expressando com palavras, gestos e sons o que a história quer comunicar.
- Depois, apresentem essa cena aos colegas e observem a reação da plateia.

Busque novos caminhos! Procure jeitos diferentes de fazer a apresentação.

3 Preste atenção à apresentação dos outros grupos.

Autoavaliação

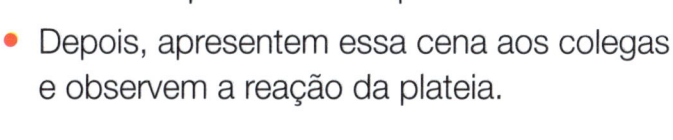

Autoavaliação	👍	👎
Participei da escolha da história em quadrinhos para encenar?		
Fui criativo na encenação da personagem?		
Provoquei reações na plateia?		
Prestei atenção à apresentação dos grupos?		

TEXTO 2

Você vai ler um **texto expositivo**. Saiba como as pessoas com deficiência auditiva se comunicam.

LER PARA APRENDER

Sinais que falam

Os seres humanos se comunicam por meio de diferentes linguagens: artes, como pintura, escultura, música, cinema, teatro; expressões do rosto e do corpo, como sorrir ou apontar com o dedo; e o idioma de sua comunidade linguística.

De todas as linguagens, a língua de um povo talvez seja o meio mais complexo de comunicação. Ela não é apenas um conjunto de símbolos e regras. Uma língua traduz a cultura e o modo de ser de um povo. Por isso, cada povo tem sua própria língua: no Brasil, falamos a língua portuguesa, que é um pouco diferente da que é falada em Portugal; na França, fala-se a língua francesa; entre os povos indígenas do Brasil há quase 180 línguas, como o guarani, o wayampi, o apinayé.

Todas essas línguas são orais. Isso quer dizer que são faladas com o uso da voz e podem ser compreendidas por pessoas que ouvem. Mas e as comunidades de pessoas surdas, como fazem para se comunicar?

Saiba que as pessoas com surdez também têm uma língua reconhecida por lei. É a língua de sinais. Em cada país, há uma língua de sinais própria daquele povo. No Brasil, temos a Língua Brasileira de Sinais (Libras), que é composta de um alfabeto (letra a letra) e um conjunto de sinais que representam ideias completas. Tudo isso "falado" com as mãos e com expressões faciais e corporais.

Nagyla (à esquerda) conta a Aparecida que vai fazer faculdade de arquitetura. Aparecida fica surpresa com a notícia. São Paulo, 2013.

Alfabeto datilológico

Com esse alfabeto, a pessoa com deficiência auditiva pode compreender qualquer língua oral e soletrar palavras. Em Libras, ele é usado para nomes próprios e palavras que não têm sinais específicos.

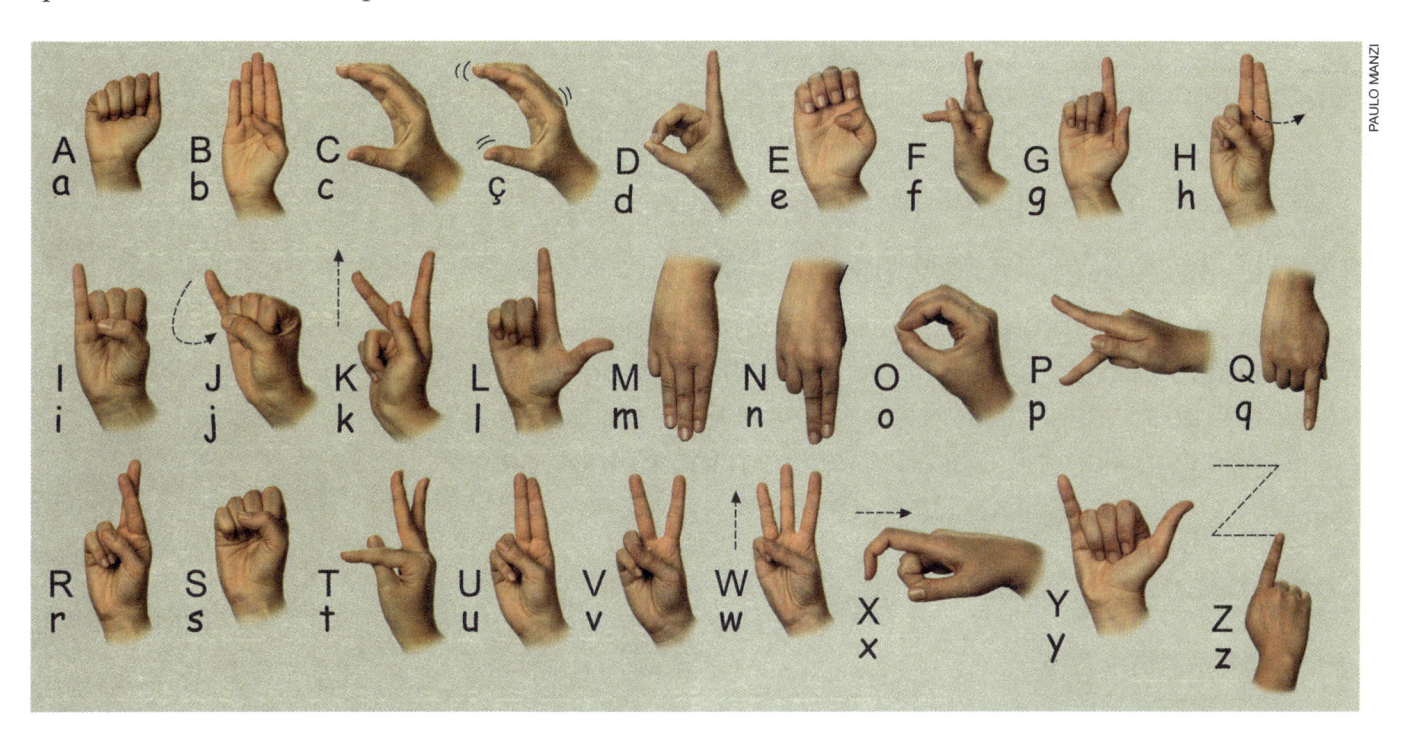

Sinais em Libras

Veja alguns exemplos de sinais.

Multimídia
Libras

Casa

Vizinho

O sinal para **casa** sofre alteração no ponto de articulação e no movimento formando o sinal para **vizinho**.

Estudar

Casa + estudar = escola

Para formar o sinal para **escola**, faz-se o sinal de **casa** seguido do sinal de **estudar**.

Fontes: <http://mod.lk/libra>. Acesso em: 24 abr. 2018. Fernando C. Capovilla, Walkíria D. Raphael e Aline C. L. Maurício. *Novo Deit-Libras: Dicionário enciclopédico ilustrado trilíngue da Língua de Sinais Brasileira (Libras)*. São Paulo: Edusp, 2009.

Para compreender o texto

Um pouco de conversa

1 Converse com os colegas.

a) O português que falamos no Brasil é um pouco diferente do que é falado em Portugal. Você já ouviu o português de Portugal? Sabe apontar uma diferença?

b) Você conhece alguém que usa a língua de sinais?

c) Já tentou aprender essa língua?

d) A palavra **datilológico** é assim formada: dátilo + logia + ico. **Dátilo** veio do grego e quer dizer "dedo"; **logia**, também do grego, quer dizer "ciência"; **-ico** é terminação de adjetivo. Por que o alfabeto é chamado **datilológico**?

Compreensão

> **Fique sabendo**
>
> Para expor um assunto com clareza, o **texto expositivo** precisa estar bem organizado. As ideias e os conceitos devem ser reunidos corretamente em **parágrafos**. Os **intertítulos** ajudam a separar as diferentes informações.

2 O texto que você leu está organizado em parágrafos.

a) Há quantos parágrafos? _____

b) Há título e intertítulos? Quais?
_____
_____

3 Escreva o parágrafo que corresponde a cada assunto exposto.

a) Explicação das diferentes línguas. _____

b) Comunicação em diferentes linguagens. _____

c) Apresentação de línguas de sinais e Libras. _____

d) Apresentação do alfabeto datilológico. _____

e) Conceituação de línguas orais. _____

f) Exemplos de sinais em Libras. _____

Para compreender o texto

4 Marque as alternativas corretas de acordo com o que você observou.

☐ Em cada parágrafo, foi apresentado um aspecto do tema.

☐ A cada parágrafo, o tema foi exposto da informação mais específica para a mais ampla.

☐ A cada parágrafo, o tema foi exposto da informação mais ampla para a mais específica.

☐ Em cada parágrafo, o tema foi desenvolvido sem critério de organização.

5 Que informações são dadas após cada intertítulo do texto?

6 Na organização do texto expositivo também foram usadas imagens.

a) Que tipos de imagem foram usados no texto?

_____

b) Para que servem essas imagens?

_____

> **Fique sabendo**
>
> O uso de imagens no texto expositivo contribui para tornar a explicação mais clara. **Fotos**, **quadros informativos** e **ilustrações** são recursos usados para complementar ou ilustrar a explicação.

De olho na linguagem

7 Releia.

> Tudo isso "falado" com as mãos e com expressões faciais e corporais.

- Por que foram usadas aspas em "falado"?

_____

LER PARA APRENDER

8 Você já tinha ouvido falar sobre a Língua Brasileira de Sinais (Libras)?

9 A exposição do texto foi suficiente ou você gostaria de saber mais sobre a Língua Brasileira de Sinais?

Para falar e escrever melhor

Gramática — Preposição e locução prepositiva

Audiovisual
Preposição e locução prepositiva

1 Leia.

Saiba que as pessoas **com** surdez também têm uma língua reconhecida por lei. [...] No Brasil, temos a Língua Brasileira de Sinais (Libras), que é composta de um alfabeto (letra a letra) e um conjunto de sinais que representam ideias completas. Tudo isso "falado" **com** as mãos e **com** expressões faciais e corporais.

- Sublinhe a frase em que a palavra destacada indica "por meio de".

2 Escreva o que a palavra **em** indica em cada frase.

1 lugar;

2 forma em que alguma coisa se expressa;

3 tempo.

a) **Em** cada país, há uma língua de sinais própria daquele povo. _____

b) **Em** Libras, o alfabeto datilológico é usado para nomes próprios. _____

c) No Brasil, falamos a língua portuguesa, que é um pouco diferente da que é falada **em** Portugal. _____

d) Libras passou a ser língua oficial do Brasil **em** 2002. _____

A **preposição** liga palavras, estabelecendo uma relação de sentido entre elas.
Exemplo: *Como as pessoas fazem **para** se comunicar?* (finalidade)

São preposições: *a, ante, após, até, com, contra, de, desde, em, entre, para, perante, por, sem, sob, sobre, trás.*

A **locução prepositiva** é formada por duas ou mais palavras, sendo a última delas uma preposição. Ela tem o mesmo valor da preposição.
Exemplo: *Nós nos comunicamos **por meio de** diferentes linguagens.*

São locuções prepositivas: *a fim de, antes de, ao redor de, de acordo com, junto de, por entre, por meio de* etc.

Para falar e escrever melhor

3 Ligue a frase ao sentido expresso pela preposição **com**.

Lavei a louça com detergente.

Lavei a louça com meu irmão.

Lavei a louça com empenho.

companhia

instrumento

modo

4 Complete as frases com as preposições do quadro.

- Depois, numere as frases de acordo com o sentido das preposições.

1 **de** – origem no tempo	5 **em** – situação no tempo
2 **de** – origem no espaço	6 **em** – situação no espaço
3 **de** – matéria	7 **a** – destino
4 **a** – tempo	8 **a** – instrumento

☐ Todos os vasos eram feitos _____ cerâmica.

☐ Escrevi tudo _____ lápis para poder corrigir depois.

☐ Só vamos viajar _____ abril.

☐ O museu abre _____ segunda a sábado.

☐ Minha mãe vai _____ Manaus participar de um congresso.

☐ _____ que horas você vai ao cinema?

☐ Vim _____ longe só para lhe tocar esta música.

☐ O gato repousava _____ cima da cômoda.

5 Assinale as frases em que a preposição ou a locução prepositiva está de acordo com as figuras.

☐ O copo está sob a mesa.

☐ O copo está sobre a mesa.

☐ A festa será após o casamento.

☐ A festa será antes do casamento.

Para falar e escrever melhor

Ortografia — TEM, TÊM, VEM e VÊM

1 Leia os quadrinhos e depois responda.

> Crianças, estas maçãs **têm** um sabor maravilhoso!

> Mas, dona Gertrudes, ela **tem** um bichinho!

a) As palavras **tem** e **têm** são formas de que verbo?

_____

b) No primeiro quadrinho, a que pessoa gramatical e número se refere a forma **têm**? Justifique.

_____
_____

c) No segundo quadrinho, a que pessoa gramatical e número se refere a forma **tem**? Justifique.

_____
_____

2 Leia as frases e faça as atividades.

> ✔ Meu neto Filipe **vem** almoçar na minha casa todo domingo.
> ✔ Meus netos Gabriel e Alex **vêm** almoçar na minha casa todo domingo.

a) As palavras **vem** e **vêm** são formas de que verbo? _____

b) Com que parte da frase a forma **vêm** está concordando? Como você percebeu isso?

_____
_____

Para falar e escrever melhor

3 Complete as frases com as formas verbais **tem**, **têm**, **vem** ou **vêm**.

a) Todas as crianças _____ direito à educação.

b) Beatriz _____ logo mais para irmos à festa.

c) O dia _____ 24 horas.

d) Sempre que _____ aqui, ele me traz um presente.

e) Os alunos _____ e vão pelo corredor da escola o dia todo.

f) Alguns escritores _____ para a palestra sobre leitura.

g) Decida-se! Você _____ ou não _____?

4 Complete as frases com a forma verbal indicada entre parênteses.

a) Um ano _____ doze meses, e um mês _____, em geral, trinta dias. (3ª pessoa do singular do verbo **ter**)

b) Faz tempo que meus avós não _____ à minha casa. (3ª pessoa do plural do verbo **vir**)

c) Hoje Paula _____ à escola na companhia de Marina e Joaquim. (3ª pessoa do singular do verbo **vir**)

d) Os ratos _____ medo dos gatos, e os gatos _____ medo dos cães. (3ª pessoa do plural do verbo **ter**)

5 Complete as frases com as formas verbais **tem** ou **têm**.

a) Os dias _____ 24 horas.

b) Os alunos _____ notas de trabalho e de participação.

c) Minha escola _____ acesso para cadeirante.

d) No feriado, as rodovias _____ mais veículos.

e) Toda criança _____ direito a um teto.

Não confunda! G ou J

refri____erante   ____enipapo   ima____inação   ____iboia

____iló   ____inástica   li____eiro   ____e____um

Para falar e escrever melhor

Memória visual

Qual é a correta?

- Nas três primeiras frases há palavras incompletas. Use **eza** ou **esa** para completá-las.
- Nas demais frases faltam as palavras **tem**, **têm**, **vem** ou **vêm**.
- Há três colunas de respostas, mas somente uma delas tem todas as respostas corretas.
- Complete as frases e descubra a coluna certa.

1

1. EZA
2. EZA
3. ESA
4. TEM
5. VÊM
6. VEM
7. TEM
8. TÊM

Para falar e escrever melhor

1. Você sabe onde a real_____ mora na Inglaterra?
2. A espert_____ nem sempre é bem-vinda.
3. Você vai à loja chin_____ para comprar o presente da Raquel?
4. _____ alguém aí?
5. Os bons amigos confiam em você e _____ em seu auxílio.
6. Um conselho nem sempre _____ acompanhado de sabedoria.
7. Essa pessoa não _____ medo?
8. Unidos, eles _____ mais chance de sobrevivência.

2
1. EZA
2. ESA
3. ESA
4. TEM
5. VEM
6. VÊM
7. TÊM
8. TÊM

3
1. ESA
2. EZA
3. EZA
4. TEM
5. VÊM
6. VÊM
7. TÊM
8. TEM

COMUNICAÇÃO ESCRITA

Hora de produzir um texto! Vá para a página 24 do **Caderno do Escritor**.

UNIDADE

4 Eu quero ser...

O que eu vejo

Observe a imagem e converse com os colegas.

- Quem são estas pessoas?
- O que elas estão fazendo?
- Em que lugar elas estão?
- A imagem parece representar um momento presente ou passado? Por quê?

O que eu sei

Agora, fale de você.

- Que profissões você acha interessantes?
- Você costuma pensar sobre seu futuro?
- Que profissão gostaria de exercer?

Sapateiro, ilustração de livro infantil, Inglaterra, 1950.

Animação
Para ser um astronauta

85

Texto 1

Você vai ler o trecho de um **diário de campo**. Observe como o autor fez o registro do que aconteceu em seu trabalho.

LER PARA SE INFORMAR

Diário de um paleontólogo

1º de abril de 2009...

Apesar da data, é tudo verdade! Parei meu carro às margens da estrada que liga Marília a Júlio Mesquita. A região é conhecida por abrigar rochas do período Cretáceo, ou seja, que datam de 65 milhões a 70 milhões de anos atrás — época em que o planeta era habitado por dinossauros! Eu estava justamente à procura de novos registros fósseis de animais pré-históricos. [...] Fiquei olhando para um paredão de rocha [...]. Com as mãos, retirei alguns pedaços de rocha e pude perceber que se tratava de um osso fossilizado. Era o meu dia de sorte: eu estava diante de uma grande vértebra de dinossauro! [...]

2 de abril de 2009...

[...] Observando com mais atenção, percebi que outras "rochas" pareciam despontar do paredão. Eram, na verdade, outros fragmentos ósseos que ficaram expostos quando a colina foi cortada para a construção da estrada. [...]

Cada vez mais animado, descobri outros fósseis, que, mais tarde, seriam identificados como pedaços de costelas, vértebras e outros ossos. [...]

O paleontólogo William Nava iniciando as escavações do titanossauro, em 2009.

Algumas semanas depois...

Você deve imaginar como um paleontólogo, um especialista nas formas de vida que habitaram a Terra no passado, fica ao encontrar restos de dinossauros: muito, muito empolgado! Eu já conseguia ter ideia de quantos fragmentos ósseos despontavam no barranco e subi ao topo da colina, do outro lado da estrada, para fotografar o meu achado. [...] Lá me deparei com um pedaço de crânio de um crocodiliano. [...]

Maio de 2009...

Comecei a remover o capim e os pedaços de rocha que escondiam a primeira vértebra dorsal (das costas) do dinossauro recém-descoberto. Logo percebi que, acoplada a ela, estava a segunda vértebra, e tomei um susto quando ela se quebrou — esses materiais são muito frágeis. Colei-a com cuidado e deixei-a secar para ficar bem resistente.

Pode parecer besteira, mas encontrar ossos articulados é uma raridade para os paleontólogos. Em geral, os fósseis ficam espalhados e o cientista precisa quebrar a cabeça para juntá-los de novo e reconstituir o esqueleto do animal.

Continuei a escavação e encontrei mais alguns ossos [...], pelo formato, vi que era uma espécie de titanossauro, réptil herbívoro de pescoço e cauda longos.

Junho de 2009...

[...]

Estava trabalhando sozinho e vi que já era hora de dividir a descoberta com outros colegas. Foi quando reuni três amigos: um paleontólogo especialista em saurópodes (dinossauros herbívoros), um especialista em crocodilos fósseis e também um fotógrafo para registrar a escavação.

Costela do titanossauro, 2009.

[...]

De que eu precisava para continuar com a minha pesquisa? Dinheiro! A escavação de um dinossauro inclui gastos com máquinas especiais, viagens de pesquisadores até o local e outros detalhes. Assim, levamos muito tempo até conseguir o financiamento para seguir em frente.

Dois anos depois...

Já era 2011 quando conseguimos reiniciar as escavações e a equipe havia crescido. Ao todo, éramos dois paleontólogos, quatro biólogos e um fotógrafo. No início, usávamos britadeiras manuais [...], em seguida, porém, uma empresa especializada começou a usar uma ferramenta chamada martelo rompedor, que parece um martelo gigante, para retirar grandes blocos de pedra.

[...]

Paleontólogos e biólogos usam pequenas ferramentas para o trabalho manual da equipe, em 2012.

Até o fim!

Estamos no segundo semestre de 2012, em meio a mais uma etapa de escavações. A equipe está ainda maior, porque agora contamos também com três cinegrafistas, que estão registrando tudo para fazer um documentário. [...]

Temos vários ossos novos e [...] estamos usando ponteiras, talhadeiras, pincéis, uma britadeira e serras para cortar e engessar os blocos de rocha onde estão incrustados os fósseis para transportá-los com segurança até o Museu de Paleontologia de Marília.

Cada peça será analisada quanto ao seu tamanho e formato e, em seguida, faremos uma descrição detalhada de tudo que foi encontrado. Só então poderemos dizer se o titanossauro de Marília é uma nova espécie de réptil pré-histórico. [...]

Três anos depois de encontrar os primeiros ossos, o trabalho de escavação do titanossauro continua, em 2012.

William Nava. *Ciência Hoje das Crianças*, n. 239, out. 2012.

Tantas palavras

- Escreva no *Caderno do Escritor* as palavras que você **não** conhece.
- Quais dessas palavras você entendeu pelo contexto?
- Quais palavras você teve curiosidade de conhecer?
- Qual delas você pode começar a usar a partir de agora?

Para compreender o texto

Um pouco de conversa

1 Converse com os colegas.

a) Quem escreve o diário? Qual é a profissão dele?

b) O que o autor quis dizer nesta frase: "Apesar da data, é tudo verdade!"?

c) O autor do diário fala de acontecimentos pessoais, íntimos ou profissionais?

d) Quanto tempo passou entre a primeira e a última data que aparece no diário?

Compreensão

> **Fique sabendo**
>
> O **diário** é o registro que uma pessoa faz de acontecimentos do seu dia a dia. Nele podem ser relatados:
> - acontecimentos pessoais, íntimos – **diário pessoal**;
> - acontecimentos profissionais – **diário de campo**.
>
> Muitos profissionais utilizam o diário para anotar observações, pesquisas, descobertas sobre um trabalho que está sendo realizado em sua área de atuação.

2 O *Diário de um paleontólogo* é um diário de campo ou um diário pessoal?

_____

- Que elementos comprovam isso?

_____

_____

3 Segundo William Nava, o que um paleontólogo faz?

_____

_____

4 Na sua opinião, por que esse diário foi publicado em uma revista destinada a crianças?

Para compreender o texto

5 Os registros no diário são feitos em ordem **cronológica**, isto é, na sequência em que os fatos ocorrem ao longo do tempo. Complete o quadro com as informações que faltam.

Data	Acontecimento principal
1º de abril de 2009	Descoberta de uma grande vértebra de dinossauro.
	Descoberta de outros fósseis (pedaços de costelas, vértebras e outros ossos).
Algumas semanas depois	
	Duas vértebras são encontradas, uma delas se quebra e é colada com muito cuidado.
Junho de 2009	
2011	
	A equipe está ainda maior, agora há também três cinegrafistas para fazer um documentário.

6 Releia os motivos que levaram o paleontólogo William Nava a convidar outros profissionais para que o trabalho continuasse.

1. Lá me deparei com um pedaço de crânio de um crocodiliano.
2. [...] vi que era uma espécie de titanossauro, réptil herbívoro de pescoço e cauda longos.
3. [...] para registrar a escavação.

- Relacione os motivos aos profissionais.

  ☐ Paleontólogo especialista em saurópodes (dinossauros herbívoros).

  ☐ Fotógrafo.

  ☐ Especialista em crocodilos fósseis.

Para compreender o texto

> **Fique sabendo**
>
> No diário de campo, pode-se colar **fotos** e fazer **desenhos** como forma de registro de observações ou descobertas.

7 Observe novamente as fotos do diário de campo. O que elas revelam sobre o trabalho de escavação?

De olho na linguagem

8 O autor do diário de campo relata suas descobertas, mas também expressa suas emoções. Releia o trecho a seguir.

> Fiquei olhando para um paredão de rocha [...]. Com as mãos, retirei alguns pedaços de rocha e pude perceber que se tratava de um osso fossilizado. Era o meu dia de sorte: eu estava diante de uma grande vértebra de dinossauro! [...]

a) Sublinhe o trecho em que o autor expressa uma emoção.

b) Escreva o tipo de emoção que ele sentiu.

9 O texto do diário foi escrito na primeira (eu), segunda (tu) ou terceira (ele) pessoa do discurso? Por que você acha que o autor escolheu escrever dessa forma?

10 Por ser um diário de campo, o autor utilizou alguns termos técnicos, isto é, palavras próprias da profissão de paleontólogo. Circule-os.

| descoberta | escavação | incrustado | cinegrafista |
| talhadeira | segurança | fossilizado | empresa |

Jogo
Jogo do paleontólogo

11 Releia este parágrafo do texto.

> Observando com mais atenção, percebi que outras "rochas" pareciam despontar do paredão. Eram, na verdade, outros fragmentos ósseos que ficaram expostos quando a colina foi cortada para a construção da estrada. [...]

a) Por que a palavra **rochas** está entre aspas?

b) Sublinhe o trecho que comprova sua resposta.

Para falar e escrever melhor

Gramática — Verbo

1 Leia o início de uma notícia.

O professor e paleontólogo Rodrigo Santucci deu início ao ano letivo na Universidade de Brasília com uma missão especial: hospedar e estudar o fóssil de um titanossauro que viveu há 70 milhões de anos no Brasil. Os pedaços do animal foram achados em Marília (SP), em 2009, durante a construção de uma rodovia. [...]

"O fóssil foi encontrado por um colega paleontólogo, William Nava, durante trabalhos de exploração de rotina. Ele acabou encontrando alguns ossos soltos da rocha na margem da rodovia e, olhando com mais calma, percebeu um nível com os ossos do titanossauro", conta Santucci. [...]

Raquel Morais. Disponível em: <http://mod.lk/fossunb>.
Acesso em: 7 maio 2018.

a) O que aconteceu com o fóssil encontrado pelo paleontólogo William Nava?

b) A maioria dos verbos da notícia está no tempo presente, passado ou futuro? Por que você acha que esse tempo foi mais usado?

Verbo é a palavra que indica uma ação, um estado ou um fenômeno da natureza situados no tempo.

Os **tempos** do verbo são basicamente três:

- **presente**: *entro, como, durmo.*
- **pretérito** (ou **passado**): *entrei, comi, dormi.*
- **futuro**: *entrarei, comerei, dormirei.*

Os verbos pertencem a três **conjugações**: a 1ª, com terminação AR (*entrar*); a 2ª, com terminação ER (*comer*); e a 3ª, com terminação IR (*dormir*). Elas identificam as formas do **infinitivo**.

As **pessoas** do verbo são três e podem estar no **singular** ou no **plural**.

Pessoas	Singular	Plural
1ª pessoa	eu como	nós comemos
2ª pessoa	tu comes	vós comeis
3ª pessoa	ele/ela come	eles/elas comem

Para falar e escrever melhor

2 Leia esta notícia.

Daniel Dias ampliou sua galeria de conquistas neste domingo. O nadador brasileiro faturou a prata na prova dos 100 m peito SB4, com 1m36s13, e assegurou sua 19ª medalha em Paralimpíadas.

O ouro ficou com o chinês Junsheng Li, com 1m35s96 [...].

Disponível em: <http://mod.lk/nadador>.
Acesso: 7 maio 2018.

a) Em que posição o brasileiro terminou a prova?

b) Circule os verbos do texto.

c) Em que **tempo**, **pessoa** e **número** esses verbos estão conjugados?

_____

d) Os verbos que você circulou na notícia são verbos de ação ou de estado? Por que você acha que foi feita essa escolha?

_____

_____

e) A que conjugação esses verbos pertencem? _____

3 Reescreva as frases empregando o verbo no tempo pedido.

a) Ivo **sorri** quando **encontra** o pai. (pretérito)

_____

_____

b) Os jogadores **festejaram** a vitória. (presente)

_____

_____

c) **Comprei** um perfume para você. (futuro)

_____

_____

Esquina da poesia

Ninguém vê
O que vejo
Faz
O que faço
Sente
O que sinto
Porque eu
Sou eu
De pedaço
Em pedaço.

Sérgio Capparelli. Na minha pele.
Em *111 poemas para crianças*.
Porto Alegre: L&PM, 2008.

93

Para falar e escrever melhor

Ortografia — ICE e ISSE

1 Resolva a charada e descubra uma palavra terminada em *ice*.

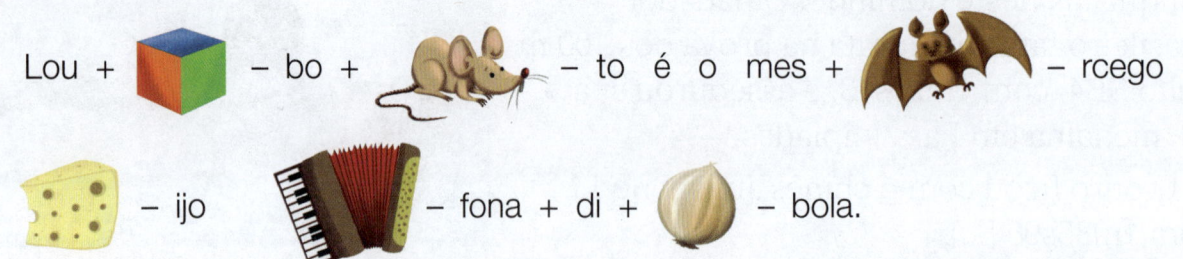

Lou + 🟦 – bo + 🐭 – to é o mes + 🦇 – rcego

🧀 – ijo 🪗 – fona + di + 🧅 – bola.

2 Leia.

- Leia as palavras em destaque prestando atenção às terminações.

a) A que classe gramatical pertence a palavra **maluquice**?
_____

b) A que classe gramatical pertence a palavra **ferisse**?
_____

c) O que é possível observar com relação ao som das terminações *ice* e *isse*?
_____

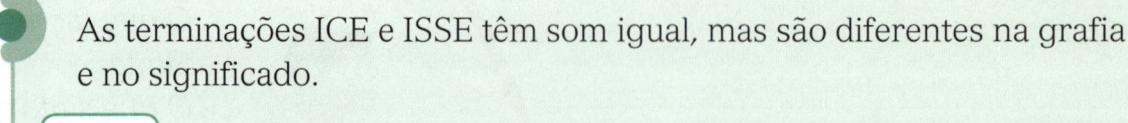

> As terminações ICE e ISSE têm som igual, mas são diferentes na grafia e no significado.
>
> **ICE** → Terminação de **substantivo**, geralmente derivado de adjetivo.
> Exemplos: *tolice, cafonice, meiguice, velhice*.
>
> **ISSE** → Terminação de **verbo da 3ª conjugação**, na 1ª e na 3ª pessoa do singular, no pretérito imperfeito do modo subjuntivo.
> Exemplos: *se eu subisse, se você partisse*.

Para falar e escrever melhor

3 Complete as palavras com as terminações **ice** ou **isse**.

Use acento gráfico, se necessário.

sacud_____   dirig_____   crianc_____

menin_____   crend_____   abol_____

sa_____   serv_____   birut_____

consum_____   exig_____   fing_____

ating_____   rabug_____   ru_____

- Complete o quadro com as palavras que você formou.

Substantivos	Verbos no pretérito imperfeito do modo subjuntivo

4 Complete as frases com as palavras indicadas usando as terminações **ice** ou **isse**.

a) Se você _____ de ir, eu acharia _____ da sua parte.
         desistir   **tolo**

b) Se não _____ o elemento surpresa, o jogo seria
         existir

uma _____.
    chato

c) Seria ótimo se ele _____ ao filme
                    assistir

em silêncio, sem _____.
                tagarela

d) Se ele _____ um pouco, não faria tanta _____.
         refletir   **doido**

e) Quanta _____! Se ela _____ mais,
         rabugento   **sorrir**

sairia dessa _____!
            mesmo

Para falar e escrever melhor

Oficina das palavras — Usando diferentes tempos verbais

1 Observe a tirinha.

TURMA DA MÔNICA Mauricio de Sousa

- Escreva os verbos que indicam as ações das personagens.

    Cascão: _____
    _____

    Cebolinha: _____
    _____

2 Você vai transformar a tirinha em uma narrativa com parágrafos. Observe atentamente, em cada quadrinho, as expressões faciais e corporais das personagens.

a) O que aconteceu com Cascão? O que ele esperava que Cebolinha fizesse?

b) O que Cebolinha fez? O que Cebolinha pode ter pensado para tomar essa atitude?

- Lembre-se de usar diferentes tempos verbais.

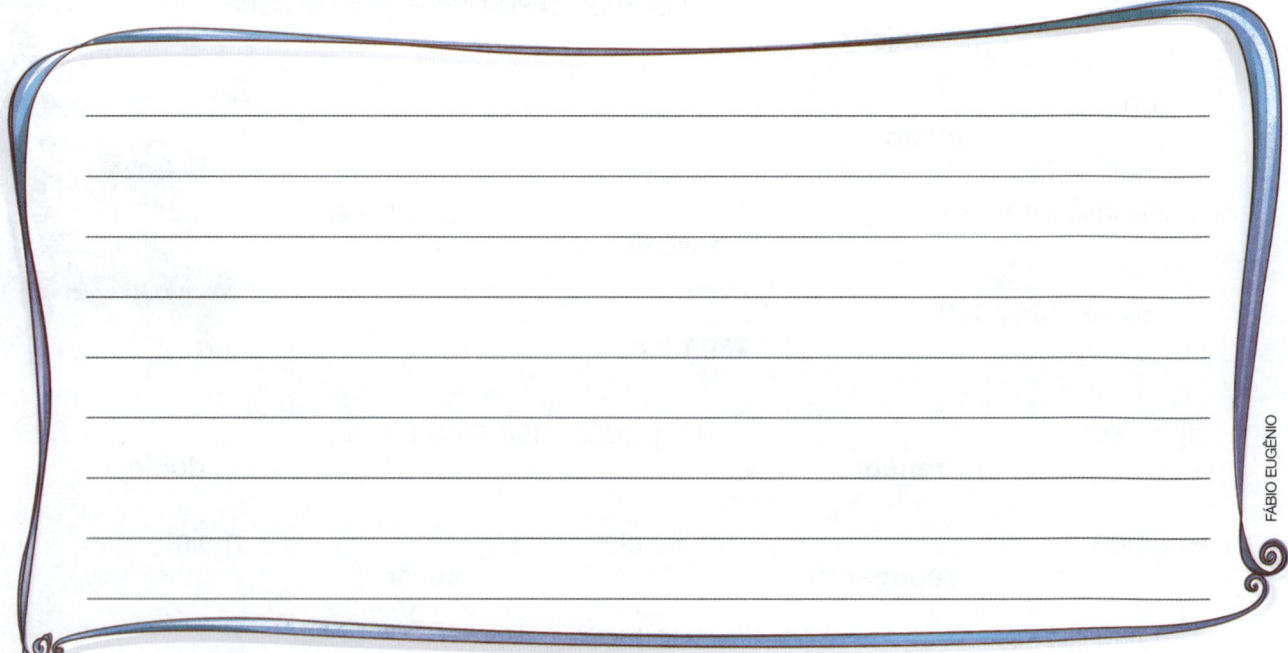

Para falar e escrever melhor

Comunicação oral — Contando curiosidades

1 Você sabia?

1. Não se conhece a verdadeira fisionomia de Tiradentes.
Ele morreu em 1792, mas os seus primeiros retratos foram pintados somente a partir de 1870.

2. O nome completo de Dom Pedro I era composto de 18 nomes.
O imperador se chamava Pedro de Alcântara Francisco Antônio João Carlos Xavier de Paula Miguel Rafael Joaquim José Gonzaga Pascoal Cipriano Serafim de Bragança e Bourbon.

2 Pesquise outra curiosidade sobre algum fato ou alguma personalidade da história do Brasil. Anote-a.

_____
_____
_____
_____
_____
_____

3 Ensaie como você contará a curiosidade e, depois, apresente-a aos colegas.

Ouça a apresentação dos colegas com atenção e respeito!

Autoavaliação	👍	👎
Empenhei-me na pesquisa de uma curiosidade interessante?		
Atraí a atenção dos colegas em minha apresentação?		
Ouvi com atenção as curiosidades apresentadas pelos colegas?		

97

TEXTO 2

Você vai ler uma **entrevista** com o desenhista de dinossauros Leandro Sanches da Costa. Preste atenção às perguntas e às respostas.

LER PARA SE INFORMAR

Profissão: desenhista de dinossauro

O que você quer ser quando crescer? Bombeiro, médico, astronauta ou desenhista de dinossauros? O quê? Será que isso está certo? Pois é, a profissão de quem desenha dinossauros existe de verdade e é chamada de paleoarte. E para ilustrar o Estadinho de papel desta semana, convidamos o paleoartista Leandro Sanches da Costa, que conversa aqui com a gente.

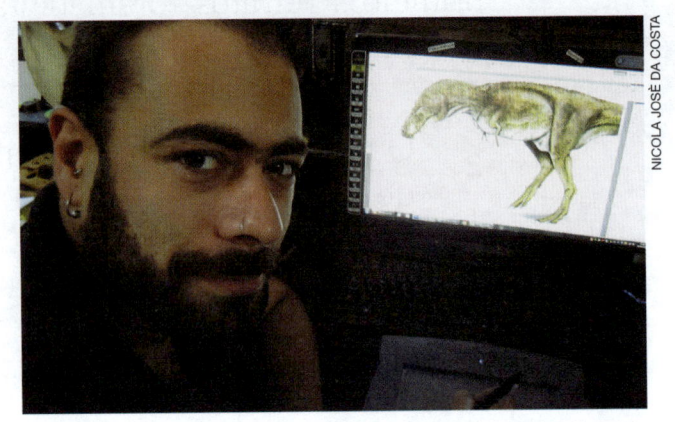

Leandro Sanches da Costa.

Leandro, desde quando você gosta de dinossauros?
Eu sempre gostei muito de todos os bichos. Já tive até coleção de lagartixa. Mas eu adorava os dinossauros não porque eles eram grandões. E sim porque eu sabia que esses bichos estavam muito mais perto da gente do que se podia imaginar. Afinal, as aves vieram deles.

Que trabalho legal o seu! Como é ganhar a vida desenhando dinossauros?
É bem legal e difícil, pois existem mais de mil espécies de dinossauros no mundo e, além de saber desenhar e deixar bonito, como arte, é preciso conhecer bem os animais para que cientificamente fique tudo certinho. Imagine se coloco cinco dedos em um dinossauro que só tinha quatro? Isso nunca pode acontecer... Então eu juntei minha formação como biólogo com o gosto pelo desenho e me tornei um especialista em ilustração desse tipo.

Como paleoartista, você desenha outras coisas?
Sim! Na verdade, o paleontólogo é alguém que estuda vestígios fósseis dos organismos que já passaram pela Terra. Além dos dinossauros, existem as plantas, as bactérias.

Que dica você dá para quem também quer ser um paleoartista?
Observar tudo para ter muitas referências. Olhar atentamente para um pássaro durante dez minutos, por exemplo, pode ser legal para ver os movimentos e detalhes que muitas vezes nunca percebemos. E essa sensibilidade para um artista faz toda a diferença.

Thais Caramico. Disponível em: <http://mod.lk/blogesta>.
Acesso em: 8 maio 2018.

Para compreender o texto

Um pouco de conversa

1 Converse com os colegas.

a) Qual é o outro nome da profissão do entrevistado?

b) Por que ele sempre gostou de dinossauros?

c) Você já conhecia essa profissão? O que achou dela?

Compreensão

> **Fique sabendo**
>
> A **entrevista** é um texto que apresenta informações e opiniões sobre um assunto, geralmente dadas por um especialista. As partes de uma entrevista são:
> - **título** e, às vezes, **subtítulo**;
> - **introdução** (apresentação do assunto e do entrevistado);
> - **perguntas** (feitas pelo entrevistador) e **respostas** (dadas pelo entrevistado).

2 Qual é o título da entrevista? _____

3 Que informações a introdução traz?

_____

_____

- Como foi feita a introdução da entrevista? Qual a intenção ao escrevê-la desse modo?

_____

_____

4 O que a entrevista informa?

_____

5 Quais são as dificuldades da profissão do entrevistado?

_____

_____

_____

Para falar e escrever melhor

Gramática — Verbo principal e verbo auxiliar

1 Releia este trecho do texto *Diário de um paleontólogo*.

> Estamos no segundo semestre de 2012, em meio a mais uma etapa de escavações. A equipe está ainda maior, porque agora contamos também com três cinegrafistas, que estão registrando tudo para fazer um documentário.

a) Copie os verbos do texto.

_____

_____

_____

b) Observe os verbos destacados neste trecho.

[...] três cinegrafistas, que **estão registrando** tudo [...].

- Que frase pode substituir esse trecho sem alterar seu sentido?

☐ três cinegrafistas que registraram tudo [...].

☐ três cinegrafistas que registram tudo [...].

Verbo auxiliar é aquele que ajuda o **verbo principal** a expressar seu significado. Juntos, eles formam uma **locução verbal**. O verbo auxiliar indica o tempo, o número e a pessoa da locução, enquanto o verbo principal expressa seu significado. Os verbos auxiliares mais usados são: *ser, estar, ter* e *haver*.

A expressão **estão registrando** é uma combinação de dois verbos para expressar uma só ação: **registrar**.

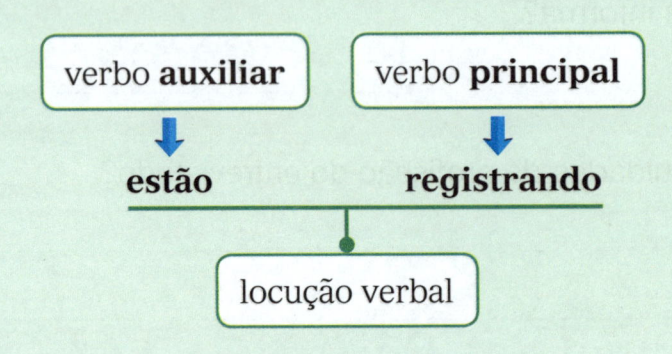

```
verbo auxiliar        verbo principal
      ↓                     ↓
    estão              registrando
         \             /
          locução verbal
```

Para falar e escrever melhor

2 Leia mais estas frases do texto *Diário de um paleontólogo*.

> Estava trabalhando sozinho e vi que já era hora [...]

> Temos vários ossos novos e [...] estamos usando ponteiras, talhadeiras [...]

> Cada peça será analisada quanto ao seu tamanho e formato e, em seguida, faremos uma descrição detalhada de tudo que foi encontrado.

a) Sublinhe em cada frase apenas as locuções verbais.

b) Escreva no quadro as locuções que você sublinhou de acordo com o tempo verbal que elas representam.

Passado	Presente	Futuro

3 Complete as frases com locuções verbais. Use os verbos entre parênteses.

a) Meu amigo _____ inglês.
(estar + aprender)

b) As crianças _____ música clássica uma vez por semana. (ter + ouvir)

c) Os quadros da galeria _____ pelos artistas recentemente. (ser + pintar)

4 Substitua as locuções verbais por uma forma verbal simples.

a) O atleta **foi treinar** às vésperas do campeonato.
_____

b) Os alunos **estavam lendo** um conto quando a diretora entrou na sala.
_____

c) O paleontólogo **estava estudando** os vestígios fósseis encontrados.
_____

Para falar e escrever melhor

Ortografia — VÊ, VEEM, LÊ e LEEM

1 Observe as ilustrações.

a) Escreva uma frase para cada ilustração com as formas verbais **lê** e **leem**.

_____

_____

b) A que pessoa gramatical e número essas formas se referem?

2 Leia a piada.

Uma mulher **vê** um homem carregando um armário nas costas e diz:

— Você ficou louco? Esse armário é muito pesado, precisa no mínimo de duas pessoas para ser carregado!

— E não somos dois? — respondeu o homem. — Meu amigo está aí dentro segurando os cabides!

Paulo Tadeu. *Essa é boa: novíssimas piadas para crianças.* São Paulo: Urbana, 2011.

a) Qual é a graça da piada?

b) A que pessoa gramatical e número a forma **vê** se refere? Justifique.

c) Suponha que duas mulheres tivessem visto um homem carregando um armário. Como ficaria a forma verbal destacada no texto? Justifique.

- VÊ e VEEM são formas do verbo **ver**. Exemplos:

  Melissa **vê** os pais à noite.   Melissa e Ricardo **veem** os pais à noite.

  [3ª pessoa do singular]   [3ª pessoa do plural]

- LÊ e LEEM são formas do verbo **ler**. Exemplos:

  O cientista **lê** diferentes materiais.   Os cientistas **leem** diferentes materiais.

  [3ª pessoa do singular]   [3ª pessoa do plural]

3 Leia este trecho do livro *Era uma vez Dom Quixote*.

Tudo começou por culpa dos livros. O senhor Alonso adorava ler. Gostava de poemas de amor e de romances de pastores, de histórias de viagens [...]. Mas o que o punha louco mesmo eram os livros de cavalaria. Hoje, ninguém mais **lê** esses livros, mas, na época de Dom Alonso, eram o maior sucesso.

Miguel de Cervantes. Adaptação de Agustín Sánchez Aguilar. Tradução de Marina Colasanti. *Era uma vez Dom Quixote*. São Paulo: Global, 2005.

a) De acordo com o trecho, os livros têm culpa de quê?

_____

b) O que você imagina que acontece nos livros de cavalaria?

c) Assinale a afirmação correta.

☐ O verbo **ler** está conjugado na 1ª pessoa do plural.

☐ O verbo **ler** está conjugado na 3ª pessoa do plural.

☐ O verbo **ler** está conjugado na 3ª pessoa do singular.

4 Complete as frases com a forma verbal adequada.

| vê | veem | lê | leem |

a) Eles _____ as coisas de modos diferentes.

b) Você _____ livros de ficção científica ou de aventura?

c) A professora _____ que você faz as lições de casa.

d) Rodrigo e Ricardo _____ histórias em quadrinhos.

Não confunda! TEM ou TÊM / VEM ou VÊM

• Preencha os espaços com os verbos **ter** ou **vir** e desvende a charada!

Todas as mães _____.

Sem ele não _____ pão.

Some no inverno.

_____ no verão.

Para falar e escrever melhor

Memória visual

Elaborando painéis

Professor Eduardo organizou três grupos na classe para montar painéis com frases e ilustrações.

O grupo 1 escreverá frases com palavras terminadas em **isse** ou **ice**.

O grupo 2 escreverá frases com as formas verbais **vê**, **veem**, **lê** e **leem**.

O grupo 3 ilustrará algumas frases que os grupos escreveram.

- Complete as frases dos painéis e ajude os grupos 1 e 2.
- Depois, numere as ilustrações de acordo com as frases que o grupo 3 ilustrou.

Painel 3

Para falar e escrever melhor

Painel 1

1. A tagarel_____ da menina é tanta que sua mãe está com dor de cabeça.
2. Se Pedro se divert_____ mais, ele seria mais feliz.
3. Aquela brincadeira foi pura traquin_____.
4. Se seu pai o proib_____ de assistir a filmes de terror, você não sentiria tanto medo.
5. Se eu persist_____ na brincadeira, você teria se machucado.

Painel 2

6. Letícia e Mariana _____ suas primas aos domingos.
7. Ele _____ em braile.
8. Lucas _____ artesanatos lindos para comprar.
9. Os alunos _____ gibis durante o recreio.
10. Sueli _____ histórias de ação para se distrair.

COMUNICAÇÃO ESCRITA

Hora de produzir um texto! Vá para a página 28 do **Caderno do Escritor.**

UNIDADE 5

Eu vou às compras

O que eu vejo

Observe a imagem e converse com os colegas.

- Que lugar é esse com tanta gente?
- O que as pessoas fazem nesse lugar?
- O que está sendo comercializado?

O que eu sei

Agora, fale de você.

- Na sua cidade existem feiras livres? Você costuma ir à feira?
- Onde sua família costuma comprar alimentos?
- Quem faz esse tipo de compra em sua casa? Você costuma ajudar?
- Você já presenciou algum tipo de desperdício em feiras livres? Conte aos colegas.

Feira livre, de Mara D. Toledo, 2007.

TEXTO 1

Observe esta **propaganda**. Para compreendê-la, é preciso ler o texto e as imagens em conjunto.

LER PARA SE INFORMAR

INFORME PUBLICITÁRIO

AS MELHORES AVENTURAS DO PERSONAGEM MAIS PIRADO DA TURMA!

JÁ NAS BANCAS!

MAURICIO DE SOUSA EDITORA — PANINI COMICS

Reprodução proibida. Art. 184 do Código Penal e Lei 9.610 de 19 de fevereiro de 1998.

© MAURICIO DE SOUSA EDITORA LTDA.

Para compreender o texto

Um pouco de conversa

1 Converse com os colegas.

a) Qual é a intenção principal dessa propaganda?

b) Que tipo de produto essa propaganda quer vender?

c) Você compraria o produto anunciado? Por quê?

d) Você considera essa propaganda interessante? Por quê?

e) Na sua opinião, qual é a utilidade da propaganda?

Compreensão

> **Fique sabendo**
>
> A **propaganda** é uma mensagem publicitária que divulga produtos, ideias ou serviços. Geralmente, ela é composta de texto e imagem.
>
> A imagem pode ter função:
> - **essencial** – quando ocupa quase todo o espaço e transmite a maior parte da mensagem;
> - **complementar** – quando se integra ao texto para compor o significado total da mensagem;
> - **decorativa** – quando apenas ornamenta, enfeita o texto.

2 O que está sendo anunciado nessa propaganda?

☐ Contos de aventura e revistas de histórias em quadrinhos.

☐ Revistas de histórias em quadrinhos.

3 Leia apenas o texto da propaganda, sem observar as imagens.

- Só o texto é suficiente para transmitir a mensagem? Por quê?

_____
_____
_____
_____

Para compreender o texto

4 Qual é a função das imagens nessa propaganda?

☐ Essencial.   ☐ Complementar.   ☐ Decorativa.

5 Agora, observe esta outra propaganda.

FOLHA DE S.PAULO
Desde 1921 ★ ★ ★ UM JORNAL A SERVIÇO DO BRASIL folha.com.br
DIRETOR DE REDAÇÃO: OTAVIO FRIAS FILHO   ANO 92 • DOMINGO, 1º DE ABRIL DE 2012 • Nº 30.314

1º de abril, Dia da Mentira

Folha. Nada além da verdade.

- Converse com os colegas.

  a) Qual é o produto que está sendo divulgado?

  b) Geralmente, que elementos compõem a primeira página de um jornal?

  c) O que mais chama sua atenção nessa propaganda?

  d) Qual é a intenção do anunciante em deixar a maior parte do espaço em branco?

  e) Que relação existe entre o texto e o espaço vazio da folha?

  f) Você acha que o espaço em branco nessa propaganda cumpre a mesma função de uma imagem complementar? Explique.

Fique sabendo

Geralmente, a **propaganda** se dirige a um público específico: crianças, jovens, idosos, estudantes, profissionais, pais etc. Para atrair a atenção do público-alvo, o anunciante utiliza diferentes estratégias:

- escolha das palavras e das imagens;
- organização do texto e das imagens no anúncio.

Alguns anunciantes também utilizam a criação de um *slogan*, que é a frase que acompanha a marca da empresa e, muitas vezes, torna-a conhecida dos consumidores.

Para compreender o texto

6 Responda.

a) A que público consumidor a propaganda da página 108 se dirige?

_____

b) Você acha que esse produto poderia interessar a outros públicos?

7 Qual das propagandas apresenta um *slogan*?

- Copie-o.

_____

De olho na linguagem

8 A linguagem escolhida para se dirigir ao público da propaganda da página 108 é **formal** ou **informal**?

- Copie do texto o trecho que confirma sua resposta.

_____

_____

9 O texto da propaganda faz uma comparação entre as personagens de uma mesma turma.

a) De acordo com o texto, todas as personagens dessa turma são igualmente piradas?

_____

_____

b) Que palavras do texto justificam a resposta do item **a**?

_____

c) Em que grau o adjetivo **pirado** foi usado?

☐ No grau superlativo.

☐ No grau comparativo de superioridade.

☐ No grau comparativo de igualdade.

Atividade interativa
Características de uma propaganda

d) Podemos dizer que todas as aventuras da personagem são igualmente boas? Por quê?

_____

_____

111

Para falar e escrever melhor

Gramática — Advérbio

1 Leia o texto.

A mãe-d'água

Era uma vez um homem **muito** pobre. Todos os anos, ele plantava melancia na beira do rio, na esperança de ganhar algum dinheiro com as frutas, mas **nunca** conseguia colher nenhuma. Quando as frutas ficavam maduras, sumiam **misteriosamente**.

Ao anoitecer, todas estavam **lá**, mas, de manhã, **não** havia uma melancia sequer. [...]

"Só pode ser alguém que vem pelo rio", concluiu.

Resolveu ficar de tocaia. Escondeu-se no mato e ficou espiando. Na primeira noite, não houve roubo algum. Na segunda, também não. Mas, na terceira, ouviu um barulho de passos **bem** leves se aproximando.

Vagarosamente, para não fazer ruído, o homem se aproximou do local de onde vinham os passos. Para sua surpresa, lá estava uma moça lindíssima. [...] Era quem pegava as melancias! [...]

Walcyr Carrasco. *A mãe de ouro e outros contos do folclore brasileiro*. São Paulo: Moderna, 2013.

2 O que ocorria de misterioso com o homem que plantava melancias?

3 De onde teria vindo a moça que pegava as melancias?

Audiovisual — *Advérbio*

O **advérbio** é uma palavra que modifica um verbo, um adjetivo, outro advérbio ou até uma frase, indicando determinada circunstância.

Os advérbios são classificados de acordo com a circunstância que expressam.

- **Afirmação**: *certamente, sim, deveras, realmente* etc.
- **Dúvida**: *talvez, possivelmente, provavelmente* etc.
- **Intensidade**: *muito, bastante, pouco, demais, mais, bem, tão* etc.
- **Lugar**: *aqui, ali, lá, acolá, longe, perto* etc.
- **Modo**: *imediatamente, bem, mal, assim, depressa* etc.
- **Negação**: *não, absolutamente, tampouco* etc.
- **Tempo**: *hoje, ontem, amanhã, nunca, sempre* etc.

Para falar e escrever melhor

4 Copie as palavras destacadas no texto relacionando-as com o que elas indicam.

a) modo: _____

b) intensidade: _____

c) tempo: _____

d) negação: _____

e) lugar: _____

5 Agora, encontre no texto os **dois adjetivos** que foram modificados por advérbios de intensidade.

- Escreva esses adjetivos e os respectivos advérbios.
  _____

6 Escreva a circunstância que cada advérbio indica nas frases.

a) Você quer lanchar conosco **hoje** ou **amanhã**?
_____

b) Eles entraram **rapidamente** na sala e cumprimentaram os convidados.
_____

c) Vovó dormiu **aqui ontem**.
_____

d) **Talvez** eu compre as flores na feira.
_____

e) Pedro disse que **não** viajará no feriado.
_____

7 Complete as frases com advérbios de acordo com a classificação indicada.

a) Marina faltou ao curso de pintura _____. (tempo)

b) _____ o horário do curso não é adequado para as crianças. (afirmação)

c) _____ eu vá cancelar a minha participação na exposição. (dúvida)

Esquina da poesia

O pato perto da porta
o pato perto da pia
o pato longe da pata
o pato pia que pia
[...]

Elias José. O pato.
Em: *Poesia fora da estante*.
Porto Alegre: Projeto, 1999.

ALBERTO DE STEFANO

Para falar e escrever melhor

Ortografia — Abreviatura, sigla e símbolo

1 Leia o cartaz.

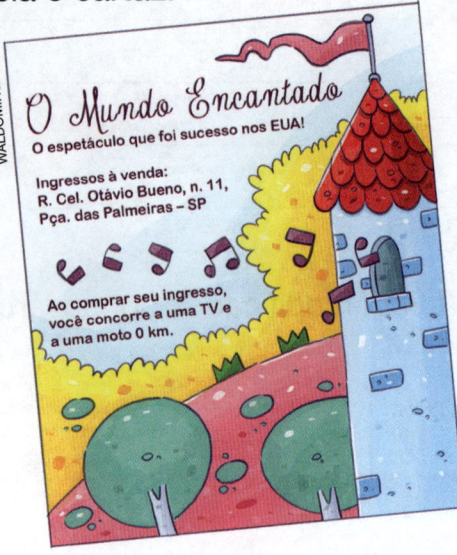

O Mundo Encantado
O espetáculo que foi sucesso nos EUA!
Ingressos à venda:
R. Cel. Otávio Bueno, n. 11,
Pça. das Palmeiras – SP
Ao comprar seu ingresso, você concorre a uma TV e a uma moto 0 km.

a) Pesquise e escreva o significado das siglas, abreviaturas e símbolos.

EUA: _____

Cel.: _____

Pça.: _____

TV: _____

R.: _____

n.: _____

SP: _____

km: _____

b) Por que você acha que foram usados símbolos, abreviaturas e siglas no cartaz do espetáculo?

Abreviatura é a escrita reduzida de uma palavra ou expressão. Geralmente leva ponto-final. Exemplos: *av.* (avenida), *hab.* (habitante), *adj.* (adjetivo).

Sigla é um tipo de abreviatura. Forma-se uma sigla juntando as letras ou sílabas iniciais das palavras que compõem o nome de entidades, órgãos, países etc. Exemplos: *Conanda* (Conselho Nacional dos Direitos da Criança e do Adolescente), *ECA* (Estatuto da Criança e do Adolescente), *CDC* (Código de Defesa do Consumidor).

Símbolo é uma convenção, geralmente, de valor internacional. Em geral, é escrito em letra minúscula e sem ponto-final. Exemplos: *km* (quilômetro), *kg* (quilograma), *g* (grama), *h* (hora), *min* (minuto), *s* (segundo).

---

2 Escreva os símbolos correspondentes às palavras entre parênteses.

Atenção
Os símbolos das unidades de medida são escritos sempre sem **s**, mesmo quando indicam valores maiores que 1.

a) Minha régua tem 30 _____ (centímetros) de comprimento.

b) Comprei 20 _____ (gramas) de fermento para fazer pão.

c) Hoje, vocês terão apenas 40 _____ (minutos) de recreio.

d) O atleta correu 42 _____ (quilômetros) na maratona.

114

Para falar e escrever melhor

3 Associe as siglas a seu significado.

1. Associação de Assistência à Criança Deficiente
2. Empresa Brasileira de Aeronáutica
3. Fundação Nacional de Artes
4. Associação de Pais e Amigos dos Excepcionais
5. Área de Proteção Ambiental
6. Fundação Nacional do Índio

☐ Embraer
☐ Funai
☐ Apae
☐ AACD
☐ Funarte
☐ APA

4 As abreviaturas a seguir se referem a assuntos de gramática e costumam aparecer em dicionários.

- Com um colega, escreva o significado das abreviaturas.

art. def. ➡ _____
art. indef. ➡ _____
adj. ➡ _____
adv. ➡ _____
prep. ➡ _____
interj. ➡ _____
v. ➡ _____

s. f. ➡ _____
s. m. ➡ _____
n. ord. ➡ _____
n. card. ➡ _____
pron. ➡ _____
sing. ➡ _____
pl. ➡ _____

5 Observe na tirinha as siglas dos primeiros quadrinhos: FR e FC.

NÍQUEL NÁUSEA   Fernando Gonsales

- Agora, crie uma sigla para o nome da fazenda do último quadrinho.

Fazenda Albuquerque Gonçalves Nepomuceno Borges Beviláqua ➡ ☐

Para falar e escrever melhor

Oficina das palavras — Usando advérbios

O texto a seguir é parte do diário da personagem Lica Recicla em sua viagem à Amazônia. Observe os advérbios destacados no texto a seguir.

Segunda-feira, 7 da manhã, prontinha para sair

Ai! Que emoção... **Logo** vamos pegar um barco e seguir pelo rio Negro até o lugar onde ele encontra o rio Solimões. **Não** sei se você sabe, diário, mas as águas do rio Solimões, que vêm **lá** dos Andes, são esbranquiçadas, e as do rio Negro são **muito**, **muito** escuras (até o nome já diz, não é?). Os dois rios se encontram **aqui bem pertinho** de Manaus e, juntos, formam o rio Amazonas. É justamente nessa hora que acontece uma coisa incrível: os dois rios se unem, mas as águas **não** se misturam **imediatamente**, e nós podemos ver a divisão das águas, uma clara e a outra escura, por quase 12 quilômetros! Não é demais?

Patrícia Engel Secco. *Juca Brasileiro na Amazônia*.
Disponível em: <http://mod.lk/juca_br>. Acesso em: 17 maio 2018. Texto adaptado.

1 Classifique os advérbios de acordo com a circunstância que expressam.

a) tempo: _____

b) lugar: _____

c) negação: _____

d) intensidade: _____

2 Por que os advérbios são importantes em um relato?

3 Escreva um breve relato sobre um dia especial em sua vida. Lembre-se de empregar advérbios.

_____
_____
_____
_____
_____

Para falar e escrever melhor

Comunicação oral — Fazendo propaganda

Áudio Mack Color ®

1 Você e seus colegas vão criar um *jingle*, isto é, uma canção simples e de curta duração para vender um produto qualquer.

- Reúna-se com alguns colegas e conversem sobre alguma atitude que vocês queiram divulgar na escola: pode ser um *jingle* que convença os colegas a manter a limpeza na escola, a ter respeito pelas diferenças, a combater o mosquito da dengue ou outro assunto que considerem importante.
- Pensem em uma ou duas ideias positivas sobre esse assunto para serem ressaltadas na canção.
- Vocês podem escolher uma canção bastante conhecida do público para criar a mensagem publicitária. A canção deve ter um refrão simples e fácil de ser lembrado.
- Lembrem-se: vocês devem convencer seus colegas a ter uma atitude cidadã.

2 Pesquisem *jingles* na internet e prestem atenção na musicalidade, nas repetições e na simplicidade do refrão.

3 Quando letra e música estiverem prontas, apresentem para os colegas o *jingle* que seu grupo criou.

4 Para divulgar o *jingle*, vocês poderão apresentá-lo aos colegas de classe ou enviar a gravação pelo celular ou pelo correio eletrônico para outros colegas da escola.

Seja criativo! Seu *jingle* deve ajudar a vender o produto.

Autoavaliação	👍	👎
Participei da escolha do argumento do *jingle*?		
Ajudei a criar um *jingle* simples e fácil de ser lembrado?		
Usei formas verbais para convencer o público-alvo, como faça, mude, aceite?		
Usei advérbios de intensidade (muito, demais, tão) para ressaltar a mensagem?		
Ouvi com atenção os *jingles* criados pelos outros grupos?		

TEXTO 2

Você vai ler um **artigo de opinião**. Fique atento à opinião do autor sobre propaganda e à dica que ele dá sobre consumo.

LER PARA SE INFORMAR

Você é sempre o alvo

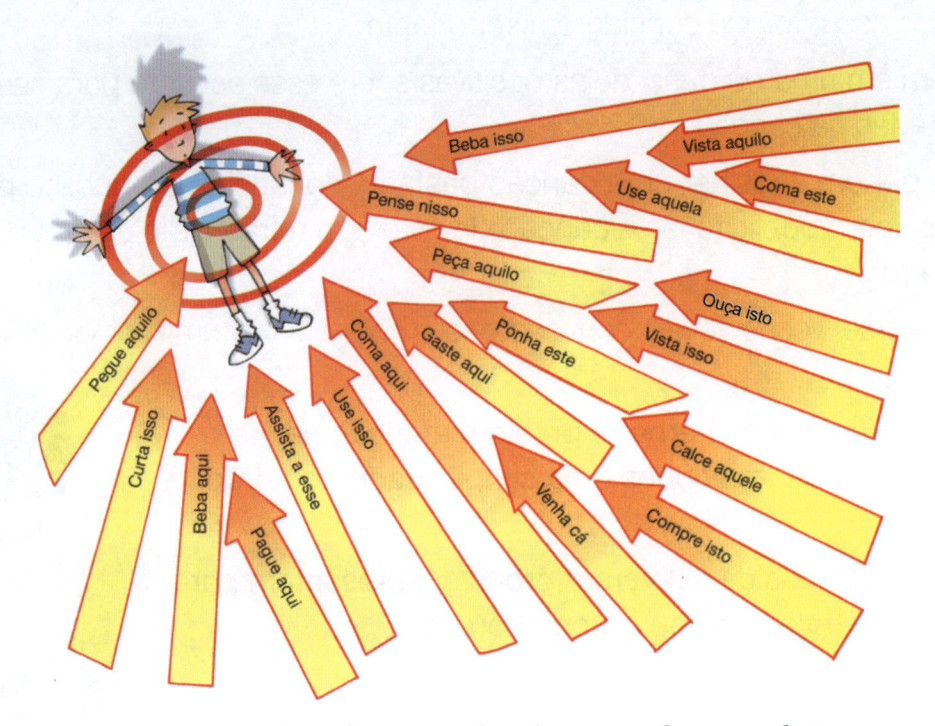

Certamente, sem a propaganda, o conhecimento dos produtos e seu consumo não aconteceriam.

A briga pelo dinheiro do consumidor é muito grande. É uma verdadeira guerra, quase um vale-tudo.

Na linha de frente, estão os comerciais veiculados pela televisão, seguidos por *outdoors* espalhados pela cidade, por anúncios de rádio e por folhetos distribuídos nas ruas.

Crianças e jovens, principalmente, são o alvo mais visado pela propaganda. E a propaganda é bonita, gostosa, engraçada, deliciosa de ser vista. Sem perceber, acabamos nos deixando levar pela promessa de nos tornarmos superiores ao consumir este ou aquele produto.

Curta a propaganda, mas não caia na armadilha de consumir sem pensar. Não saia por aí feito um louco comprando tudo. Troque ideias com os colegas, conheça preços e qualidade e, sobretudo, pense se você realmente precisa daquilo que está querendo comprar.

Edson Gabriel Garcia. Ilustração de Avelino Guedes.
No mundo do consumo. São Paulo: FTD, 2001.

Para compreender o texto

Um pouco de conversa

1 Converse com os colegas.

a) Qual é o título do artigo de opinião?

b) Quem o escreveu?

c) Qual é o assunto do artigo?

d) O que a imagem revela sobre o assunto?

Compreensão

Fique sabendo

O **artigo de opinião** é um texto publicado em jornais ou revistas que mostra a opinião de seu autor sobre um assunto, um acontecimento ou uma ideia. Geralmente, ele é composto de:

- **introdução** – apresentação do assunto, que pode ser feita expondo uma opinião;
- **opinião** – o que o autor pensa sobre o assunto;
- **argumento** – prova que confirma ou sustenta a opinião;
- **conclusão** – ideia final sobre o que foi exposto.

2 O autor introduz o assunto afirmando que a propaganda faz as pessoas conhecerem os produtos e consumi-los.

- Qual é a opinião dele sobre isso? Sublinhe no texto.

3 Em seguida, ele fala dos meios de comunicação que são usados para divulgar as propagandas.

- Na opinião do autor, qual é o público mais bombardeado pelas propagandas?

_____

4 O autor, em seguida, alerta para o risco de as pessoas mergulharem no consumo, influenciadas pela propaganda, e conclui o artigo.

- Qual é essa conclusão? Converse com os colegas.

5 Que parte do texto é representada na ilustração?

Para compreender o texto

6 Leia outro texto.

Resolução do Conanda proíbe publicidade dirigida ao público infantil

Juliana Steck
29/04/2014   Cidadania

No dia 4 de abril de 2014, o Conselho Nacional dos Direitos da Criança e do Adolescente (Conanda) considerou abusiva toda publicidade direcionada a crianças. A propaganda de produtos infantis pode continuar existindo, mas a mensagem tem de ser dirigida aos adultos. O texto da medida diz que direcionar a publicidade e a comunicação de vendas à criança, com a intenção de convencê-la a consumir qualquer produto ou serviço é abusiva e, portanto, ilegal. Um dos argumentos é que ela não sabe distinguir a propaganda da programação normal.

Para o Conanda, a publicidade infantil desrespeita a Constituição, o Estatuto da Criança e do Adolescente (ECA) e o Código de Defesa do Consumidor (CDC), pois a Constituição diz que é dever do Estado colocar a criança a salvo de qualquer forma de exploração, violência, crueldade e opressão. O ECA, por sua vez, prevê a integridade física, psíquica e moral dos jovens e o CDC considera abusiva qualquer publicidade que se aproveite da falta de capacidade das crianças de diferenciar o que é ou não prejudicial à sua saúde.

"De agora em diante, temos de fiscalizar toda a comunicação de vendas que hoje tem a criança como público-alvo. A resolução é um marco histórico para a proteção dos direitos da criança no Brasil", afirma Pedro Affonso Hartung, conselheiro do Conanda e advogado do Instituto Alana, entidade civil que atua na área de educação, cultura e assistência social.

Jornal do Senado. Disponível em: <https://mod.lk/jorsena>.
Acesso em: 15 maio 2018. Texto adaptado.

- Converse com os colegas.

    a) De acordo com o texto, o que foi proibido?

    b) Por quê?

    c) Quem proibiu?

    d) Qual foi um dos argumentos usados?

    e) A resolução quer proteger ou aborrecer as crianças e os adolescentes? Sublinhe no texto o parágrafo que explica essa resposta.

Para compreender o texto

7 O que o artigo de opinião e o texto que você acabou de ler têm em comum?

- Em que esses dois textos são diferentes?

De olho na linguagem

8 Além de *alvo* e *linha de frente*, que outra palavra no artigo de opinião da página 118 faz menção ao universo militar? Localize-a com a ajuda de um colega e circule-a.

- Você acha que o uso dessas expressões está de acordo com a influência que a propaganda tem sobre as pessoas?

9 Consulte o dicionário para descobrir o significado da palavra *outdoor*.

- Na cidade onde você mora há muitos *outdoors*?

10 Leia este verbete do *Pequeno dicionário Houaiss da língua portuguesa*.

> **vale-tudo** (va.le-tu.do) s.m.2n. **1** certa luta livre que permite golpes muito violentos **2** *p.ext.* contexto em que qualquer expediente é válido <lá o comércio é um v.>

Instituto Antônio Houaiss de Lexicografia.
São Paulo: Moderna, 2015.

- Qual desses significados a palavra **vale-tudo** tem no segundo parágrafo do texto *Você é sempre o alvo*?

Educação em valores — Consumismo

- Você consegue resistir aos apelos publicitários?
- Você já ficou chateado com seus pais por eles terem se recusado a comprar algo para você?
- Você acha que as crianças são mais influenciáveis do que os adultos?
- Você já comprou algo que quase não usou apenas por ter gostado da propaganda?
- No Brasil, a propaganda para crianças foi proibida. Você concorda com essa medida?

Para falar e escrever melhor

Gramática — Locução adverbial

1 Leia o cartaz.

- Converse com os colegas.

   a) O que o destaque da expressão **em breve** provoca no leitor do cartaz?

   b) Você já participou de algum passeio ciclístico? Como foi?

   c) Que palavra poderia substituir **em breve**?

> **Locução adverbial** é o conjunto de duas ou mais palavras que tem o mesmo valor de um advérbio.
>
> em breve ➡ brevemente
>
> Exemplos: *às vezes, com certeza, à tarde, à noite, de manhã, sem dúvida* etc.
>
> A locução adverbial, assim como o advérbio, se classifica de acordo com a circunstância que expressa.

2 Classifique as locuções adverbiais destacadas nas frases.

   a) Saí **às pressas** para não chegar atrasado.
   _____

   b) **Sem dúvida**, a visita ao museu foi o ponto alto da excursão.
   _____

   c) O pai não cederá **de forma alguma** aos caprichos do filho.
   _____

   d) Assisti a uma peça de teatro ontem **à tarde**.
   _____

Para falar e escrever melhor

3 Reescreva as frases substituindo as locuções adverbiais destacadas pelo advérbio correspondente.

a) Ela gosta de bichos, **em especial** de gatos.

_____

b) As crianças ouviram **com atenção** as orientações da professora.

_____

c) **Quase nunca** faço refeições fora de casa.

_____

4 Leia a tirinha.

GARFIELD — Jim Davis

Quadro 1: MEU MUNDO É MUITO BOM.
Quadro 2: ACABOU O XAMPU, ENTÃO EU USEI LUSTRA-MÓVEL!
Quadro 3: FELIZMENTE, JON NÃO ESTÁ NO MEU MUNDO...

a) Como Garfield caracteriza o mundo em que vive?

_____

b) Qual é a palavra que intensifica essa característica?

_____

c) Garfield expressa uma opinião sobre o fato de Jon não pertencer ao seu mundo. Qual é a palavra que expressa essa opinião?

_____

5 Escreva um breve relato sobre seus hábitos de leitura. Use estas perguntas como roteiro. Use também advérbios e locuções adverbiais.

a) Quanto você gosta de ler?

b) Em que lugar você mais gosta de ler?

c) Em que momentos ou situações a leitura lhe dá mais prazer?

d) De que modo você faz as leituras que mais lhe interessam? E as que não são do seu interesse?

Para falar e escrever melhor

Ortografia — Palavras semelhantes

1 Observe as cenas e converse com os colegas.

A

— Nossa, pai! Que cobra gigante!
— É... ela deve ter uns 8 metros de **comprimento**!

B

— Antes da luta, o **cumprimento**!

ILUSTRAÇÕES: ALBERTO DE STEFANO

a) O que é possível observar em relação à pronúncia das palavras destacadas?

_____

b) E em relação à escrita?

_____

> Há palavras que têm pronúncia e escrita semelhantes, mas o significado é diferente. O dicionário, além de esclarecer o significado dessas palavras, pode também solucionar dúvidas de ortografia.
>
> Veja como as palavras **comprimento** e **cumprimento** aparecem no dicionário.
>
> **comprimento** (com.pri.men.to) *s.m.* **1** a maior dimensão horizontal de um objeto, de uma superfície <*c. de um campo de futebol*> **2** extensão de um objeto considerado de uma extremidade à outra <*c. de um lápis*> ☞ cf. *cumprimento*
>
> **cumprimento** (cum.pri.men.to) *s.m.* **1** gesto ou palavra de saudação **2** elogio; felicitação <*receberam os c. pelo noivado*> ☞ mais us. no pl. **3** execução de algo <*o c. de uma tarefa*> ↻ descumprimento ☞ cf. *comprimento*
>
> Instituto Antônio Houaiss de Lexicografia. *Pequeno dicionário Houaiss da língua portuguesa*. São Paulo: Moderna, 2015.

c) Há semelhanças entre os significados de **comprimento** e **cumprimento**?

d) Nos dois verbetes aparece uma indicação de que há uma palavra semelhante à palavra da entrada. Qual é essa indicação?

e) No verbete **cumprimento** aparece o sinal ↻ antes da palavra **descumprimento**. Você sabe o que indica esse sinal?

Para falar e escrever melhor

2 Agora que você comparou os dois verbetes, escreva com suas palavras o que significam as palavras **comprimento** e **cumprimento**.

_____
_____
_____
_____

3 Leia as frases e observe outro par de palavras semelhantes.

> ✔ O aluno fez uma **descrição** da cena.
> ✔ O candidato agiu com **discrição** durante a entrevista.

a) Explique o significado dessas palavras nas frases.

b) Consulte um dicionário e verifique se sua explicação está correta.

- Agora, registre os significados que você encontrou.

_____
_____
_____
_____

4 Numere os pares de palavras de acordo com os significados do quadro à direita.

☐ eminente – iminente

☐ cavaleiro – cavalheiro

☐ soar – suar

☐ emergir – imergir

1. produzir som – transpirar
2. vir à tona – afundar
3. importante – próximo
4. que anda a cavalo – homem gentil

Não confunda! **S ou Z**

finali____ar   ali____ar   anali____ar   utili____ar

pesqui____ar   bati____ar   improvi____ar   digitali____ar

Para falar e escrever melhor

Memória visual

Temporada de esportes

Duas disputas eletrizantes abrem a temporada esportiva: corrida e golfe.

Para participar da prova de corrida, complete as frases das pistas com as palavras **soar**, **suar**, **emergir** e **imergir**.

Na competição de golfe, escreva nas bandeirinhas os números que correspondem às siglas e às abreviaturas apresentadas no campo.

Depois, registre no quadro as siglas e as abreviaturas.

dra.

Funai

sr.

1. Amazonas
2. Código de Endereçamento Postal
3. professor
4. doutora
5. Força Aérea Brasileira
6. século
7. exemplo
8. Fundação Nacional do Índio
9. Rio Grande do Norte
10. senhor

Para falar e escrever melhor

Os atletas costumam _____ bastante nas competições; por isso, devem se hidratar.

Os juízes _____ a sirene para dar o sinal de largada da corrida.

Nas competições aquáticas, os atletas de alto desempenho conseguem ficar mais tempo embaixo da água, antes de _____.

Os nadadores devem se aquecer antes de _____ na água em cada prova.

Abreviaturas	Siglas

séc.
CEP
FAB
prof.
AM
ex.
RN

COMUNICAÇÃO ESCRITA

Hora de produzir um texto! Vá para a página 32 do **Caderno do Escritor.**

UNIDADE 6
Eu busco pistas

Detetive, de Lina Chesak Liberace, s/d.

O que eu vejo

Observe a imagem e converse com os colegas.

- O que o homem está fazendo?
- Que objeto ele tem na mão direita?
- Quem são as pessoas atrás dele?

O que eu sei

Agora, fale de você.

- Você é uma pessoa observadora?
- Já seguiu pistas de algo que queria descobrir?
- Gostaria de ser um detetive?
- Que outros profissionais analisam pistas?

Jogo
O mistério da joia desaparecida

129

Você vai ler um **conto de enigma**. Atenção aos detalhes: são eles que ajudam a desvendar o mistério.

O incrível enigma do galinheiro

Isso aconteceu numa época em que o grande detetive Sherlock Holmes estava aposentado e um tanto esquecido. Em Londres, onde morava, ninguém mais o chamava para elucidar mistérios. Conformava-se dizendo: não se fazem mais bandidos como antigamente.

Meu tio Clarimundo, leitor das aventuras de Sherlock, foi quem decidiu contratá-lo. Mas que não trouxesse seu secretário doutor Watson, que só servia para ouvir no final de cada caso a mesma frase: "Elementar, Watson".

— Mas se trata dum caso tão insignificante — protestou mamãe.
— Insignificante? Esse enigma está nos pondo malucos.

Alguém andava assaltando nosso galinheiro. A cada dia sumia uma galinha. Quem faria isso estando a casa cercada de paredes de imensos edifícios? Não havia muro para saltar. Nem grades para pular. E na casa só morávamos eu, meus pais, tio Clarimundo e Noca, a velha empregada. Um enigma muito enigmático, sim.

Sherlock Holmes chegou e hospedou-se no quarto dos fundos. Ele, seu boné xadrez, seu cachimbo, lógico, e mais logicamente sua lupa, que aumentava tudo. Chegou anunciando:

— Chamarei esta aventura "O caso das galinhas desaparecidas". Ou ficaria melhor "O incrível enigma do galinheiro"?

— Ambos são bons, mas...

— Na maior parte das vezes o culpado é o mordomo — informou Sherlock. — Onde está o suspeito?

— Não temos mordomo — lamentou tio Clarimundo.

— Então me levem à cena do crime.

Levamos Sherlock ao quintal, pequeno e espremido entre os prédios. Ele tirou a lupa do bolso. Um palito ou folha de árvore, examinava concentradamente. Depois, tomava notas num caderno. Mas, como a viagem o cansara, foi dormir cedo. Na manhã seguinte minha mãe acordou-o com uma informação:

— Sumiu outra galinha.

— Esta noite dormirei no galinheiro.

E dormiu mesmo, sentado numa poltrona. Desta vez eu que o acordei.

— *Mister* Holmes, roubaram mais uma galinha.

A notícia fez com que se decidisse:

— A história se chamará mesmo "O incrível enigma do galinheiro".

— Não estamos preocupados com títulos — rebateu meu tio.

— Mas meu editor está.

Nesse dia consegui ler o caderno de anotações do detetive. Li: nada, nada, nada. Um nada em cada página. Organizado, não? Também nesse dia Sherlock telefonou a Londres para trocar impressões com o fiel doutor Watson. Uma fortuninha em chamadas internacionais.

E as galinhas continuavam desaparecendo, apesar de Sherlock Holmes dormir no galinheiro. Ele já andava falando sozinho.

— Nem sinal de gato, cachorro, raposa, gambá. Todo o meu prestígio está em jogo.

Por fim restou apenas uma galinha.

À hora do almoço o famoso detetive, sentindo-se velho e fracassado, sofreu uma crise, chorando na frente de todos. Nós nos comovemos muito com a situação. Um homem daqueles derramar lágrimas... Noca, então, deu um passo à frente e confessou:

— Eu que roubava as galinhas. Dava às famílias pobres duma favela.

Sherlock enxugou imediatamente as lágrimas na manga do paletó.

— Já sabia. Fingi chorar para que ela confessasse.

— Então desconfiava de Noca? — perguntou tio Clarimundo.

— Encontrei penas de galinha no quarto dela. Elementar, Clarimundo. E o que dizem de comermos a penosa que resta no galinheiro?

Não sei se foi escrito "O incrível enigma do galinheiro". Se foi, pobres leitores. Na verdade eu que roubava as galinhas para dar aos favelados. Inclusive quando o detetive dormia no galinheiro. Noca sabia disso e assumiu a culpa em meu lugar.

Elementar, *mister* Sherlock Holmes.

Marcos Rey. Em Heloisa Prieto (Org.). *Vice-versa ao contrário*.
São Paulo: Companhia das Letrinhas, 1993.

Tantas palavras

- Releia este trecho.

    "Elementar, *mister* Sherlock Holmes."

- Procure no dicionário o significado da palavra **elementar**. Qual deles se aplica a esse trecho?

- Anote a resposta no *Caderno do Escritor*.

Para compreender o texto

Um pouco de conversa

1 Converse com os colegas.

a) Você sabe o que é enigma?

b) Qual é o mistério de que trata o texto?

c) Quais são os suspeitos desse crime?

d) Você já tinha ouvido falar de Sherlock Holmes? O que sabe sobre essa personagem?

Compreensão

Fique sabendo

Os elementos que compõem o **conto de enigma** são:
- **enigma** – algo difícil de entender, mistério;
- **vítima** – aquele que é prejudicado por uma ação ilegal;
- **culpado** – aquele que atinge a vítima;
- **detetive** – agente de investigação;
- **pistas** – sinais que auxiliam na investigação;
- **solução do enigma** – o mistério é desvendado.

2 Identifique os elementos do conto.

Enigma	
Vítima	
Culpado	
Detetive	
Pistas	
Solução do enigma	

Para compreender o texto

> **Fique sabendo**
>
> Outros elementos importantes do conto de enigma são:
> - **cenário** – lugar onde a narrativa se desenvolve. Os detalhes do cenário em um conto de enigma levam às pistas e proporcionam o clima de mistério;
> - **clímax** – momento de maior tensão na história, que prenuncia a conclusão.

3 Ao iniciar a narrativa, o narrador situa o leitor no **tempo** e no **espaço** dos acontecimentos.
- Onde e quando ocorreu o crime?
_____
_____

4 O espaço na narrativa contribui para o clima de mistério em torno do desaparecimento das galinhas.
- Como era a casa onde estava o galinheiro?
_____

5 Nesse conto de enigma, Sherlock Holmes não possui as características que um bom detetive deve ter.

a) Na sua opinião, como deve ser um bom detetive para solucionar um crime?
_____
_____

b) Qual é o modo como Sherlock Holmes se comporta na história?
_____
_____

c) Qual foi a intenção do autor ao dar essas características à personagem?
_____

6 Leia o título do livro de onde foi retirado esse conto de enigma.
- Como você acha que são os contos que fazem parte desse livro?

7 Para Sherlock Holmes e todos da casa, quem era o culpado?
_____

- E para o leitor?
_____

Para compreender o texto

8 Marque a alternativa que indica o momento de maior tensão na narrativa.

☐ A chegada de Sherlock Holmes à casa do narrador.

☐ A crise de choro de Sherlock Holmes e a consequente confissão de Noca.

☐ O momento em que o narrador revela que ele é o ladrão das galinhas.

☐ O momento em que Sherlock decide qual será o título da história.

De olho na linguagem

9 Releia estes trechos e observe as palavras destacadas.

✔ Um **enigma** muito **enigmático**, sim.
✔ Li: **nada**, **nada**, **nada**. Um **nada** em cada página.

a) Por que o autor usou repetições nesses trechos?

_____
_____

b) Reescreva essas frases eliminando as repetições. Faça as adaptações necessárias.

_____
_____

10 Marque a afirmação que explica corretamente a frase "Se foi, pobres leitores", no penúltimo parágrafo.

☐ "Se foi" significa que Sherlock Holmes foi embora da casa do tio Clarimundo sem decifrar o enigma do galinheiro.

☐ Depois de **foi** falta a palavra **escrito**. O autor se refere à possibilidade de o conto ter sido escrito e os leitores terem sido enganados.

• Agora reescreva a frase de modo que seu sentido fique claro.

_____
_____

LER POR PRAZER

11 Converse com os colegas.

• Ao ler o conto, você tentou descobrir quem era o culpado? Você acertou?

Para falar e escrever melhor

Gramática — União de preposição com artigo

1 Releia este trecho de *O incrível enigma do galinheiro*.

> Nesse dia consegui ler o caderno de anotações do detetive. Li: nada, nada, nada. Um nada em cada página. Organizado, não?

- Copie as preposições do trecho. _____

> As preposições **de**, **em** e **por** podem se unir aos artigos, formando uma só palavra. Observe:
>
> | | | |
> |---|---|---|
> | **da(s)** | ➡ | *de* (preposição) + *a(s)* (artigo) |
> | **do(s)** | ➡ | *de* (preposição) + *o(s)* (artigo) |
> | **duma(s)** | ➡ | *de* (preposição) + *uma(s)* (artigo) |
> | **dum, duns** | ➡ | *de* (preposição) + *um, un(s)* (artigo) |
> | **na(s)** | ➡ | *em* (preposição) + *a(s)* (artigo) |
> | **no(s)** | ➡ | *em* (preposição) + *o(s)* (artigo) |
> | **numa(s)** | ➡ | *em* (preposição) + *uma(s)* (artigo) |
> | **num, nuns** | ➡ | *em* (preposição) + *um, uns* (artigo) |
> | **pela(s)** | ➡ | *por* (preposição) + *a(s)* (artigo) |
> | **pelo(s)** | ➡ | *por* (preposição) + *o(s)* (artigo) |

2 Encontre no trecho da atividade 1 uma preposição unida a artigo e circule-a.

3 Complete as frases com o que se pede.

a) O detetive tomava notas _____ caderno.
   (preposição **em** + artigo **um**)

b) O ladrão entrou em casa subindo _____ muro.
   (preposição **por** + artigo **o**)

c) O suspeito não era ninguém _____ casa.
   (preposição **de** + artigo **a**)

d) As galinhas foram dadas _____ pobres.
   (preposição **a** + artigo **os**)

ALBERTO DE STEFANO

Para falar e escrever melhor

4 Desfaça as uniões das preposições com artigos destacadas nas frases.

a) **Na** noite passada, desci **pela** escada e tropecei **num** carrinho.

☐ ➡ _____

☐ ➡ _____

☐ ➡ _____

b) Andei **pelos** cantos **da** casa à procura **da** aranha que nos assustou.

☐ ➡ _____

☐ ➡ _____

> **Vá com calma!** Observe bem as palavras destacadas antes de desfazer as uniões.

5 Complete as frases com as palavras do quadro.

| pelos | dos | do | no | numa | da | pela |

a) Grande parte _____ dinheiro _____ festa foi doada _____ pais _____ alunos.

b) A rainha _____ primavera foi eleita _____ maioria _____ alunos.

c) Há uma cadeira quebrada _____ das salas _____ primeiro andar.

d) Joãozinho passou mal _____ carro.

> **Dica**
> As palavras podem ser usadas mais de uma vez.

6 Escreva uma frase usando as palavras **na** e **no** de acordo com a ilustração.

_____
_____
_____

ESQUINA DA POESIA

*Lá vão cutiazinhas
corridas mato abaixo,
sob a risada fina
das pedras do riacho.
Pedrinha com pedrinha;
onda com viração;
e o sol cruzando espadas
no olhar do gavião.*

Walmir Ayala. Em *Poesia fora da estante: para crianças*.

Para falar e escrever melhor

Ortografia — Crase

1 Releia estas frases do conto.

— Então me levem **à** cena do crime.
— Eu que roubava as galinhas. Dava **às** famílias duma favela.

a) Circule nas frases as palavras formadas pela preposição **de** + **artigo**.

b) Como foram formadas essas palavras? _____

c) A palavra **à** destacada nas frases também é a união de preposição e artigo.

• Que preposição e artigo estão unidos? _____

A preposição **a** também se une aos artigos. Observe:

à(s) ➡ a (preposição) + a(s) (artigo)
ao(s) ➡ a (preposição) + o(s) (artigo)

Quando a preposição **a** se une ao artigo feminino **a(s)**, ocorre a **crase**. Essa união é indicada pelo acento grave (`).

Exemplo: *Noca, então, deu um passo à frente e confessou:*

Atenção!
Não ocorre crase:
- antes de substantivo masculino;
- antes de verbo;
- antes dos artigos **uma** e **umas**;
- antes de pronome de tratamento.

---

2 Reescreva as frases substituindo a palavra masculina destacada pela palavra feminina entre parênteses.

a) Pediu ao **detetive** que decifrasse o enigma. (polícia)
_____

b) Sherlock não estava atento aos **detalhes**. (pistas)
_____

3 Explique por que não ocorre a crase nestas frases.

a) Fomos **a** pé ao colégio. _____

b) Assisti **a** uma peça comovente. _____

c) Ele pediu **a** você esse favor. _____

d) Comece **a** correr, pois vai chover. _____

Para falar e escrever melhor

4 Nas frases abaixo, assinale 👍 quando a ocorrência de crase estiver correta e 👎 quando estiver incorreta.

- Explique por que ocorre ou não a crase.

a) Parece que Rui não está atento **à** aula.   👍 ou 👎

_____
_____

b) Os amigos assistiram **à** uma partida de futebol pela TV.   👍 ou 👎

_____
_____

c) Minha mãe não me deixa assistir **à** novela das nove horas.   👍 ou 👎

_____
_____

d) A recepção dada **à** você e **à** Vossa Majestade foi calorosa.   👍 ou 👎   👍 ou 👎

_____
_____

e) Meu irmão adora ir **à** pé para a escola.   👍 ou 👎

_____
_____

Não confunda! S ou Z

Enquanto o velho e famoso detetive inglê_____,

que fora chamado de longe, lá de seu paí_____,

dormia sentado usando seu boné xadre_____,

galinhas sumiam debaixo de seu nari_____.

Para falar e escrever melhor

Oficina das palavras — Empregando a crase

1 Leia o texto.

`http://mod.lk/onubr`

O que são os direitos humanos?

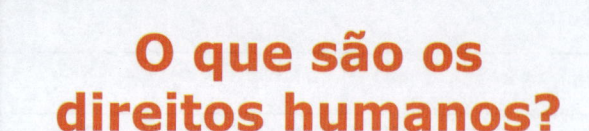

Os direitos humanos são direitos inerentes a todos os seres humanos, independentemente de raça, sexo, nacionalidade, etnia, idioma, religião ou qualquer outra condição

Os direitos humanos incluem o direito à vida e à liberdade, à liberdade de opinião e de expressão, **o direito ao trabalho e à educação**, entre muitos outros. Todos merecem esses direitos, sem discriminação.

Estudantes da Escola Secundária Butkhak, em Cabul, no Afeganistão, participam da Semana de Ação Global, uma campanha internacional que defende educação gratuita e de qualidade para todas e todos.

Disponível em: ONUBR, <http://mod.lk/onubr>. Acesso em: 11 maio 2018.

2 Explique a ocorrência de crase no trecho destacado.

_____
_____

- Sublinhe no texto as outras palavras em que ocorre a crase.

3 Faça um parágrafo descrevendo um direito das crianças.

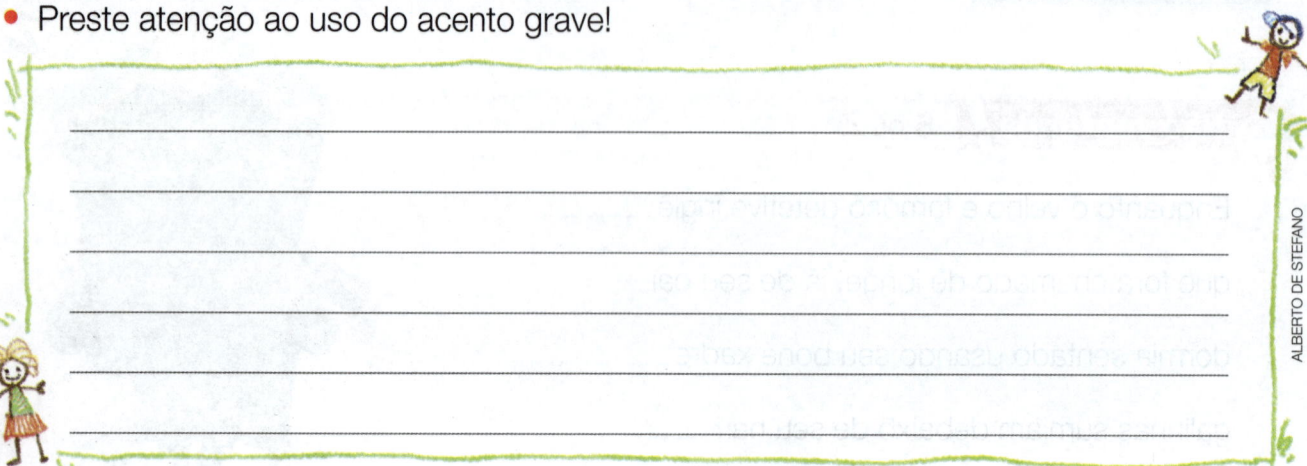

- Preste atenção ao uso do acento grave!

Para falar e escrever melhor

Comunicação oral — Expondo uma invenção

1 Leia o texto e descubra como foram inventados alguns brinquedos.

Bonecas: elas são muito antigas. Surgiram como figuras que eram adoradas como deusas, há 40 mil anos. Mas só muito tempo depois, no Egito de 5 mil anos atrás, se transformaram em brinquedo. A primeira fábrica de bonecas surgiu na Alemanha em 1413. Barbie, a boneca mais famosa do mundo, foi criada em 1959.

Skate: a história desse brinquedo radical começou na Califórnia, no final dos anos 1930, quando os surfistas decidiram levar suas pranchas para as ruas. Para fazer isso, colocaram quatro rodas sob uma tábua de madeira e saíram surfando pelo asfalto! A primeira fábrica de *skates* surgiu em 1958.

Disponível em: <http://mod.lk/cribrinc>. Acesso em: 11 maio 2018.

2 Agora, pesquise em revistas, jornais ou na internet outras invenções interessantes para apresentar aos colegas.

3 Escolha um tema.
- Selecione as informações que você considera mais interessantes.
- Memorize essas informações.
- Mostre fotos ou ilustrações em cartazes sobre o assunto.

Ouça com atenção e respeito a apresentação dos colegas.

4 Evite repetir expressões como: *né*, *tipo assim*, *aí*, *então*.

5 Após a exposição, pergunte se alguém ficou com alguma dúvida.

Autoavaliação	👍	👎
Pesquisei uma invenção bem interessante?		
Ensaiei para fazer uma boa apresentação oral?		
Transmiti as informações com clareza garantindo a atenção dos colegas?		
Prestigiei a apresentação de meus colegas ouvindo com atenção?		

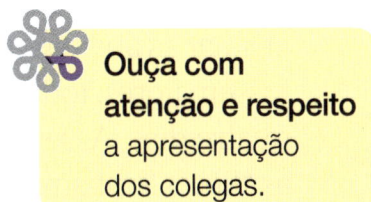

TEXTO 2

Você vai ler um **artigo de divulgação científica** escrito por alunos de uma escola na Inglaterra, com idades entre 8 e 10 anos. Veja o que os jovens cientistas descobriram e como chegaram a essa descoberta.

LER PARA SE INFORMAR

http://mod.lk/corabel

A memória de cores das abelhas

Com esse experimento, quisemos responder a uma pergunta: As abelhas são capazes de aprender padrões na distribuição de cores na natureza e lembrar-se deles para descobrir quais flores são mais doces e nutritivas?

Colocamos abelhas da espécie *Bombus terrestris* em um cubo de acrílico com quatro painéis de luz. Cada painel era formado por 16 círculos. Em cada círculo havia uma haste de acrílico com água e açúcar. Para ensinar as abelhas a voar até os painéis como se eles fossem flores, todos foram mantidos acesos durante quatro dias. Assim que as abelhas aprenderam que as "flores" tinham uma recompensa, montamos uma espécie de quebra-cabeça e fizemos três testes.

No primeiro teste, os 12 círculos externos de dois painéis eram amarelos e os quatro internos eram azuis. Nos outros dois painéis, os círculos tinham esse padrão de cores invertido (veja a figura 1). A recompensa de açúcar estava apenas nas quatro "flores" internas de cada painel e, a cada 40 minutos, os trocávamos de lugar para evitar que as abelhas voltassem automaticamente ao local onde haviam conseguido a última recompensa.

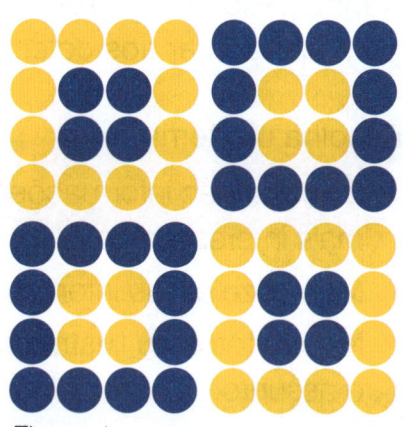

Figura 1.

No segundo teste, trocamos as cores das "flores" internas por verde (veja a figura 2) para ver se as abelhas, para achar a recompensa, iriam guiar-se somente pelas cores azul e amarelo.

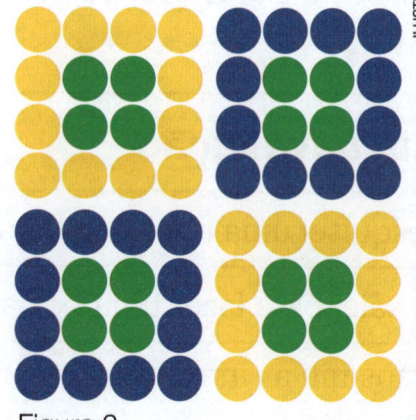

Figura 2.

No terceiro teste, colocamos as quatro "flores" internas nos cantos de cada painel (veja a figura 3) para ver se as abelhas seguiam apenas as cores em menor número.

Percebemos que as abelhas resolveram o quebra-cabeça muito bem em conjunto, mesmo que individualmente cada uma tenha encontrado a solução de modo diferente, e algumas tenham sido mais espertas que outras.

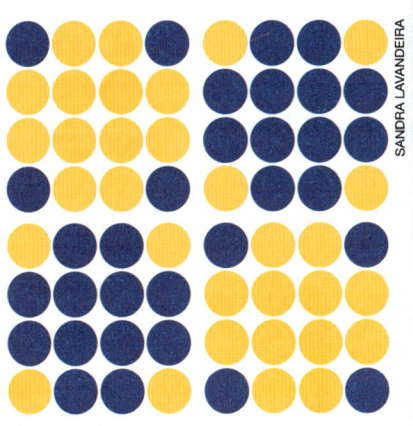

Figura 3.

Concluímos que as abelhas podem resolver quebra-cabeças ao aprender regras complexas. Elas podem trabalhar juntas para memorizar um padrão, mas isso não significa que não tenham "personalidade" própria e "gostos pessoais". Na vida real, isso pode significar que elas coletam informações e lembram-se delas para conseguir mais néctar diretamente das melhores flores, poupando energia.

Bombus terrestris é o nome científico de uma espécie de abelha nativa da Europa. Também conhecida por mamangava de cauda-amarela-clara ou abelhão, a rainha mede por volta de 2,7 cm de comprimento.

Disponível em: <http://mod.lk/corabel>.
Acesso em: 10 maio 2018.
Texto traduzido e adaptado.

Tantas palavras

- O **nome científico**, ou nomenclatura binominal, é usado por pesquisadores e cientistas para classificar as diferentes espécies de seres vivos. É composto por duas palavras em latim: a primeira, em maiúscula, é o gênero; a segunda, em minúscula, é o descritor específico da espécie.

Para compreender o texto

Um pouco de conversa

1 Converse com seus colegas.

a) A que pergunta os jovens cientistas queriam responder?

b) O que as abelhas deveriam aprender para conseguir a água adoçada no primeiro teste?

c) Por que os cientistas pintaram os círculos internos de verde no segundo teste?

d) O que os cientistas quiseram confirmar no terceiro teste?

Fique sabendo

O **artigo de divulgação científica** transmite conhecimentos e informações sobre pesquisas e experimentos da área científica. Ele é composto destas partes:

- **introdução** – apresentação do fenômeno a ser verificado;
- **dados da pesquisa e metodologia** – apresentação dos dados coletados e dos procedimentos usados na pesquisa;
- **resultado** – apresentação dos resultados ou efeitos obtidos na pesquisa;
- **conclusão** – afirmação final do que foi observado.

Observação: a metodologia de alguns experimentos pode apresentar etapas mais específicas, como os **testes**.

Compreensão

2 Numere os parágrafos do texto.

- Agora, escreva quais são os parágrafos que correspondem às partes que compõem o artigo.

Introdução	
Dados da pesquisa e metodologia	
Resultado	
Conclusão	

144

Para compreender o texto

3 Complete as frases com as palavras do quadro.

| buscam | coletam | dados | fenômenos |
| mistérios | pistas | testes |

a) Para desvendar _____, como os do conto *O incrível enigma do galinheiro*, os detetives _____ _____ que os ajudam a tirar conclusões.

b) Para explicar _____ que ainda estão sem respostas, como os do artigo *A memória de cores das abelhas*, os pesquisadores _____ _____ e fazem _____ para confirmar suas hipóteses.

4 Agora você vai participar de um teste para avaliar seu nível de atenção.

- Fale em voz alta **apenas o nome da cor** com que foi escrita cada palavra, sem falar a palavra. Você consegue?

AMARELO	AZUL	LARANJA
PRETO	VERMELHO	VERDE
ROXO	AMARELO	VERMELHO
LARANJA	VERDE	PRETO
AZUL	VERMELHO	ROXO
VERDE	AZUL	LARANJA

Disponível em: <http://mod.lk/neuro>. Acesso em: 10 maio 2018.

LER PARA SE INFORMAR

5 É preciso ter conhecimentos científicos para compreender o artigo sobre as abelhas e o teste de atenção das pessoas?

6 Estudar o comportamento dos animais pode ajudar a compreender o comportamento humano?

145

Para falar e escrever melhor

Dicionário — Verbete

1 Leia o trecho de uma reportagem.

Telescópio da Nasa descobre sistema solar com sete planetas como a Terra

Uma equipe internacional de astrônomos descobriu um novo sistema solar com sete planetas do tamanho da Terra. Está a cerca de 40 **anos-luz** de nós, orbitando em torno de uma estrela anã e fria, de um tipo de astro conhecido como "anões vermelhos".

Na Via Láctea, esse tipo de astro é muito mais **abundante** que estrelas como o Sol e, recentemente, se tornaram o lugar preferido pelos astrônomos para procurar planetas semelhantes à Terra onde se possa encontrar vida, segundo explicaram cientistas da Nasa [...].

Nuño Domínguez. Disponível em: <http://mod.lk/telenasa>. Acesso em: 11 maio 2018.

Representação do telescópio espacial Spitzer.

- Agora, leia os verbetes das palavras destacadas no texto.

> **ano-luz** (a.no-luz) [pl.: *anos-luz*] ***s.m.*** ASTR unidade que corresponde à distância (aprox. 9 trilhões e 450 bilhões de km) percorrida pela luz, no vácuo, durante um ano, à velocidade de 300 mil km/s

> **abundante** (a.bun.dan.te) ***adj.2g.*** **1** que existe em grande número ou quantidade; copioso, farto <*vegetação a.*> ↻ escasso, minguado **2** que é rico ou opulento; [...]

Pequeno dicionário Houaiss da língua portuguesa. São Paulo: Moderna, 2015.

Além dos significados da palavra, os verbetes do dicionário trazem outras informações, como divisão silábica, sílaba tônica, plural, gênero e pronúncia, e sempre indicam a classe gramatical: substantivo, verbo, adjetivo etc.

Para essas informações, usam-se abreviaturas.

Exemplos: *s.f.* = substantivo feminino   *s.m.* = substantivo masculino
            dim. = diminutivo   *v.* = verbo
            pl. = plural   *adj.* = adjetivo

2 Pesquise no dicionário o significado destas abreviaturas e registre.

a) adv. _____
b) adj.2g. _____
c) prep. _____
d) pron. _____
e) s.f.pl. _____
f) art. _____

3 Complete cada coluna com as duplas de palavras abaixo, de acordo com a pronúncia. Consulte o dicionário, se tiver dúvida.

> porco – porcos   corpo – corpos   osso – ossos
> globo – globos   moço – moços   rosto – rostos

Palavras com O fechado no singular e no plural	Palavras com O fechado no singular e aberto no plural

4 Observe os verbetes desta página de dicionário e converse com os colegas.

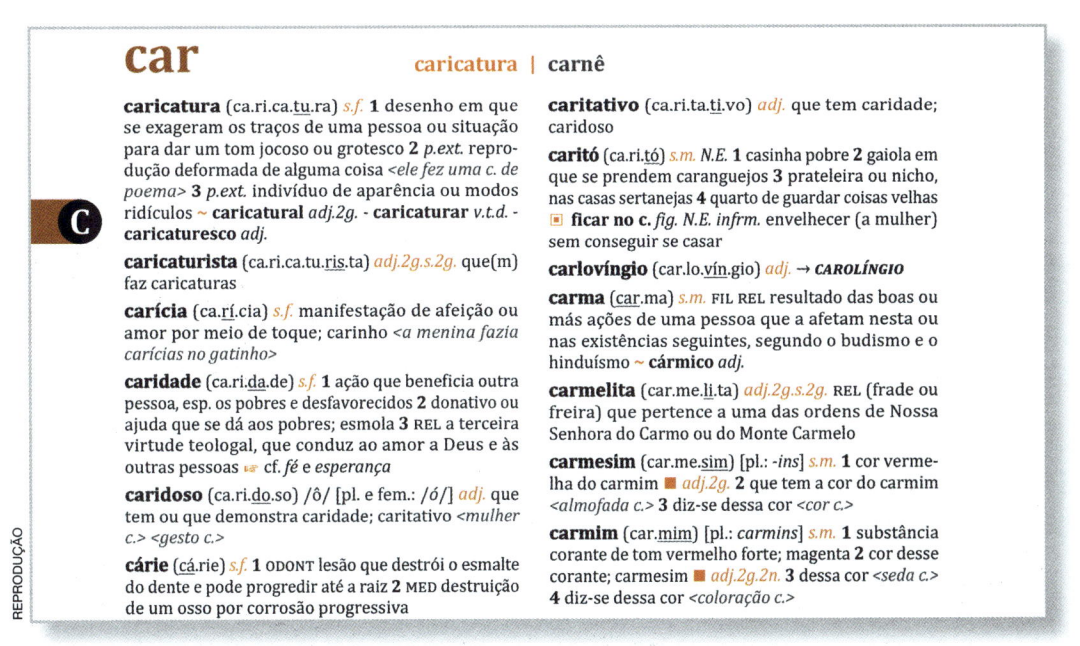

car — caricatura | carnê

caricatura (ca.ri.ca.tu.ra) *s.f.* **1** desenho em que se exageram os traços de uma pessoa ou situação para dar um tom jocoso ou grotesco **2** *p.ext.* reprodução deformada de alguma coisa <*ele fez uma c. de poema*> **3** *p.ext.* indivíduo de aparência ou modos ridículos ~ **caricatural** *adj.2g.* - **caricaturar** *v.t.d.* - **caricaturesco** *adj.*

caricaturista (ca.ri.ca.tu.ris.ta) *adj.2g.s.2g.* que(m) faz caricaturas

carícia (ca.rí.cia) *s.f.* manifestação de afeição ou amor por meio de toque; carinho <*a menina fazia carícias no gatinho*>

caridade (ca.ri.da.de) *s.f.* **1** ação que beneficia outra pessoa, esp. os pobres e desfavorecidos **2** donativo ou ajuda que se dá aos pobres; esmola **3** REL a terceira virtude teologal, que conduz ao amor a Deus e às outras pessoas ☞ cf. *fé* e *esperança*

caridoso (ca.ri.do.so) /ô/ [pl. e fem.: /ó/] *adj.* que tem ou que demonstra caridade; caritativo <*mulher c.*> <*gesto c.*>

cárie (cá.rie) *s.f.* **1** ODONT lesão que destrói o esmalte do dente e pode progredir até a raiz **2** MED destruição de um osso por corrosão progressiva

caritativo (ca.ri.ta.ti.vo) *adj.* que tem caridade; caridoso

caritó (ca.ri.tó) *s.m.* N.E. **1** casinha pobre **2** gaiola em que se prendem caranguejos **3** prateleira ou nicho, nas casas sertanejas **4** quarto de guardar coisas velhas ■ **ficar no c.** *fig.* N.E. *infrm.* envelhecer (a mulher) sem conseguir se casar

carlovíngio (car.lo.vín.gio) *adj.* → CAROLÍNGIO

carma (car.ma) *s.m.* FIL REL resultado das boas ou más ações de uma pessoa que a afetam nesta ou nas existências seguintes, segundo o budismo e o hinduísmo ~ **cármico** *adj.*

carmelita (car.me.li.ta) *adj.2g.s.2g.* REL (frade ou freira) que pertence a uma das ordens de Nossa Senhora do Carmo ou do Monte Carmelo

carmesim (car.me.sim) [pl.: -*ins*] *s.m.* **1** cor vermelha do carmim ■ *adj.2g.* **2** que tem a cor do carmim <*almofada c.*> **3** diz-se dessa cor <*cor c.*>

carmim (car.mim) [pl.: *carmins*] *s.m.* **1** substância corante de tom vermelho forte; magenta **2** cor desse corante; carmesim ■ *adj.2g.2n.* **3** dessa cor <*seda c.*> **4** diz-se dessa cor <*coloração c.*>

Pequeno dicionário Houaiss da língua portuguesa.
São Paulo: Moderna, 2015.

a) Que verbete apresenta quatro significados que são muito diferentes entre si?

b) O que significa *fig.*, que aparece no verbete **caritó**?

c) Na fala, o som do **o** de **caridoso** é aberto ou fechado? O que o dicionário informa sobre isso?

Para falar e escrever melhor

Ortografia — MAL e MAU

1 Leia.

> O QUE VOCÊ QUER, LOBO MAU?
>
> TIRE A VOVOZINHA DA MINHA BARRIGA! ESTOU PASSANDO MAL!

jean galvão

a) O que produz humor nessa tira?

b) A palavra **mau** está acompanhando um substantivo. Qual é ele?

c) A que classe gramatical pertence a palavra **mau**?

d) Qual é o antônimo de **mau**?

e) A palavra **mal** está acompanhando um verbo. Qual é ele?

f) A que classe gramatical pertence a palavra **mal**?

g) Qual é o antônimo de **mal**?

- A palavra **mau** é um adjetivo, pois indica uma característica do substantivo. Nesse caso, **mau** é o antônimo de **bom**.

  Lobo (substantivo) — **mau** (adjetivo)   *Lobo* (substantivo) — **bom** (adjetivo)

- A palavra **mal** pode ser um advérbio que indica uma circunstância de modo. Nesse caso, o antônimo é **bem**.

  passa (verbo) — **mal** (advérbio de modo)   *passa* (verbo) — **bem** (advérbio de modo)

- **Mal** pode ser um substantivo, significando "doença" ou "aquilo que é ruim". Nesse caso, vem geralmente acompanhado de artigo.
  Exemplo: *O **mal** do ser humano é a cobiça.*

148

Para falar e escrever melhor

2 Leia esta tira de Fernando Gonsales e observe como ele brinca com os significados das palavras **mal** e **mau-olhado**.

NÍQUEL NÁUSEA — Fernando Gonsales

a) No primeiro quadrinho, qual o significado da palavra **mal**?
_____

b) No segundo quadrinho, a palavra **mau** forma uma palavra composta com a palavra **olhado**. Quais os sentidos que essa palavra assume na tira?
_____
_____
_____

c) Que efeito esse jogo de palavras provoca na tira?
_____

d) Qual das duas palavras é um advérbio?
_____

3 Complete as frases com **mal**, **mau** ou **males**.

a) Eu enxergo _____! Leia o bilhete para mim, por favor!

b) Esse garoto foi muito _____ nas provas!

c) Há _____ que vêm para bem!

d) O antônimo de _____ é bom.

e) O antônimo de bem é _____.

f) Que brincadeira de _____ gosto! Estou de _____!

149

Para falar e escrever melhor

Memória visual

Qual é a tira?

- Nas sete frases da página ao lado faltam as palavras **mal**, **mau**, **a** ou **à**.
- Nas quatro tiras há respostas, mas somente uma delas tem todas as respostas corretas.
- Descubra a tira certa. Depois, complete-as com as respostas.

1
1. mal
2. a
3. à
4. mau
5. às
6. a
7. mal

2
1. mal
2. à
3. a
4. mal
5. as
6. à
7. mal

3
1. mau
2. à
3. a
4. mal
5. às
6. a
7. mal

4
1. mau
2. à
3. a
4. mal
5. as
6. a
7. mau

SANDRA LAVANDEIRA

150

Para falar e escrever melhor

1. Ele parece _____, mas é boa pessoa.
2. Estamos todos ansiosos para ir _____ praia.
3. Fomos todos _____ pé para apreciar a paisagem.
4. Se não estudar, você vai se sair _____ na prova.
5. O trem chegará _____ 18 horas.
6. Fui _____ uma exposição ótima ontem.
7. Sempre que ela se sente _____, procura a mamãe.

COMUNICAÇÃO ESCRITA

Hora de produzir um texto! Vá para a página 36 do **Caderno do Escritor**.

UNIDADE 7
Eu faço a diferença

O que eu vejo

Observe a imagem e converse com os colegas.

- O que as crianças estão fazendo?
- Onde elas estão?
- Como parecem estar se sentindo?

O que eu sei

Agora, fale de você.

- Você já plantou uma árvore?
- Sua cidade tem muitas árvores? E sua escola?
- Em sua opinião, que tipo de atitude pode fazer a diferença?

Crianças plantam árvore no Dia Internacional da Floresta, Riau, Indonésia, 21 mar. 2016.

Você vai ler um **texto expositivo** que trata de um assunto muito importante: acessibilidade.

LER PARA APRENDER

Jogo dos 7 erros

Você já parou para pensar que idosos e pessoas com deficiência física, por exemplo, enfrentam grandes dificuldades para se movimentar pelas ruas e outros lugares públicos? As cidades precisam se adaptar de maneira adequada para permitir que todas as pessoas possam chegar a um lugar, entrar nele, conhecer todos os recursos ali disponíveis. Isso se chama acessibilidade. E podemos fazer a diferença quando nos informamos a respeito do assunto, respeitamos e conservamos as sinalizações.

Veja a foto abaixo e leia o texto que vem a seguir. Depois, observe na imagem os sete erros de acessibilidade.

1. Ausência de sinalização tátil de alerta no início (e final) da rampa e da escada.

2. O revestimento do piso da rampa não é antiderrapante.

3. A inclinação da rampa não é suave.

4. Ausência de corrimão bilateral tanto na rampa quanto na escada. Há apenas um corrimão e este não atende às especificações da norma técnica.

5. No lado esquerdo da foto, quase no topo da rampa, há uma vegetação estreitando a passagem.

6. Apesar de estar pouco visível, no topo da escada há um capacho não embutido e não nivelado com o piso, que pode causar acidentes.

7. No lado direito da foto, na escada, há mobiliários (bancos e mesa) estreitando a passagem, podendo causar colisões.

Maria Alice Furrer. *Acessibilidade na prática*.
Disponível em: <http://mod.lk/7erros>.
Acesso em: 15 maio 2018. Texto adaptado.

Tantas palavras

- Você já conhecia a palavra **acessibilidade**?
- Converse com o professor e os colegas sobre o significado dessa palavra.
- Explique com suas palavras o significado desse termo e escreva-o no *Caderno do Escritor*.

Para compreender o texto

Um pouco de conversa

1 Converse com os colegas.

a) Quais são as dificuldades enfrentadas por idosos e pessoas com deficiência física ao caminhar pelas ruas?

b) Alguma vez você pensou sobre esse assunto?

c) A fotografia ajudou a entender quais foram os erros apontados no texto?

d) Na sua opinião, acessibilidade é um assunto importante? Por quê?

e) Nos lugares que você conhece, com muito público, existe preocupação com acessibilidade? Explique.

Compreensão

> **Fique sabendo**
>
> Um **texto expositivo** apresenta e explica um tema. Para isso, ele pode ser organizado deste modo:
> - iniciar com uma pergunta que estimule o leitor a refletir sobre o tema;
> - responder à pergunta apresentando o termo principal relacionado ao tema;
> - apresentar exemplos que ilustrem o tema.

2 Qual é o tema tratado no texto que você leu?

_____

_____

3 Que parte da pergunta inicial provoca o leitor a refletir sobre o tema?

_____

4 A foto mostra exemplos do que é apresentado no texto. Quais são eles?

_____

_____

Para compreender o texto

5. Que termo relacionado ao tema é explicado no texto?

☐ Adaptação. ☐ Deficiência. ☐ Acessibilidade.

6. A autora escolheu uma forma diferente de apresentar o exemplo. Qual?

_____

7. A autora sublinhou uma palavra no texto. Que palavra é essa?

_____

- Qual foi a intenção da autora ao sublinhar essa palavra?

_____

_____

_____

De olho na linguagem

8. Releia este trecho do texto.

> As cidades precisam se adaptar de maneira adequada para permitir que todas as pessoas possam chegar a um lugar, entrar nele, conhecer todos os recursos ali disponíveis. **Isso** se chama acessibilidade.

a) Sublinhe a parte do trecho a que o pronome **isso** se refere.

b) Esse pronome foi usado no texto para:

☐ repetir uma explicação que foi dada antes.

☐ evitar a repetição de uma explicação que foi dada antes.

☐ apresentar uma explicação que será dada a seguir.

c) Volte à página 155 e encontre na lista dos sete erros um pronome que tenha sido usado com a mesma função do pronome do item anterior.

_____

_____

157

Para falar e escrever melhor

Gramática — Frase e oração

1 Leia a tirinha.

NÍQUEL NÁUSEA — Fernando Gonsales

Quadrinho 1: JACARÉS SE BEIJAM NA BOCA??

Quadrinho 2: NÃO!

a) O que os jacarés estão fazendo?
_____

b) Qual das frases não tem verbo?
_____

c) Mesmo sem verbo, a frase transmite uma ideia completa? Explique.
_____
_____
_____

2 A primeira frase da tira é uma **oração**. Você já ouviu essa palavra? Em que situação a ouviu?

> **Frase** é uma palavra ou um conjunto organizado de palavras que, numa situação de comunicação, transmite um pensamento completo.
>
> A frase pode ser:
> - **nominal** – quando não tem verbo.
>   Exemplos: *Não!*
>   *Que dia lindo!*
> - **verbal** – quando tem verbo. Nesse caso, é chamada de **oração**.
>   Exemplos: *Jacarés se **beijam** na boca??*
>   *Hoje o dia **está** lindo.*

158

Para falar e escrever melhor

3 Assinale a alternativa que explica por que estes conjuntos de palavras não formam frases.

> 12 HORAS O FOI ÀS ALMOÇO SERVIDO.

> AI, FOME QUE!

> VIDRO É DE PRATO O?

> ENSOLARADA TARDE QUE!

☐ Faltam pontuação e palavras para completar as frases.

☐ As palavras não estão organizadas de maneira que façam sentido.

4 Organize os conjuntos de palavras da atividade anterior em frases.

_____
_____
_____
_____

Vá com calma!
Pense bem antes de reorganizar as palavras.

- Todas essas frases são orações? Explique sua resposta.

_____
_____

5 Transforme as frases nominais em orações.

a) Bom trabalho!
_____

b) Viagem interessante.
_____

c) Bela partida!
_____

d) Socorro!
_____

Esquina da poesia

O vermelho
da groselha
gosto bom
até o fim
joaninha
vermelhinha
no terraço
e no jardim.
....
Quero tudo
assim pra mim.

Elizabeth Hazin. Vermelhor.
Em *Arco-íris; poesia para crianças*.
Rio de Janeiro: Vieira & Lent, 2010.

ALBERTO DE STEFANO

Para falar e escrever melhor

Ortografia C, Ç, S, SS, SC, SÇ e XC

1 Escreva o nome do que está representado nas imagens. Depois, circule as letras e os dígrafos que representam o fonema S.

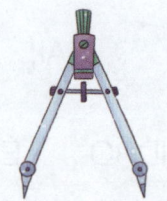

_____   _____   _____   _____

2 Leia a resenha.

Mogli – O Menino Lobo

Direção: Jon Favreau (EUA, 2015)

Baseado na história atemporal de Rudyard Kipling e inspirado pelo clássico da Disney de 1967, o filme acompanha a história do menino que cresce na selva ao lado do urso Baloo e da pantera Bagheera, enfrentando perigos e descobrindo sua força interior.

Disponível em: <http://mod.lk/telacc>. Acesso em: 16 maio 2018.

a) Quais são as principais informações que aparecem nessa resenha de filme?

_____

b) Quais são os possíveis leitores da resenha do filme?

c) Sublinhe as palavras do texto que apresentam o fonema S.

d) Circule nas palavras que você sublinhou as letras que representam esse fonema.

e) Escreva duas palavras para cada letra ou dígrafo que você circulou.

_____
_____

> As letras C e S representam o fonema S em algumas palavras.
> Exemplos: **c**inema, **c**edo, **s**ítio, **s**apato, pa**s**to, e**s**trela.
> A letra Ç e os dígrafos SS, SC, SÇ e XC sempre representam o fonema S.
> Exemplos: come**ç**ou, de**ss**a, na**sc**ida, na**sç**a, e**xc**elente.

160

Para falar e escrever melhor

3 Complete as palavras com as letras indicadas.

C ou Ç	S ou SS
pa____oca	pen____amento
____iranda	progre____o
do____e	pa____ado
a____úcar	____ítio

4 Leia o trecho de uma história e responda às questões.

Aproveite o que já sabe!

— E gente enferruja?
Raul nem estava conseguindo dormir, de tanto pensar e repensar. Mil perguntas na **cabeça**.
— Será que é bolor? Pode ser... é meio azulado. Mas não tem um jeito **macio** feito coisa embolorada. **Parece** mais ferrugem.

Ana Maria Machado. A ferrugem descoberta.
Em *Raul da ferrugem azul*. São Paulo: Salamandra, 2003.

a) Por que a palavra **cabeça** é escrita com **ç**, e não com **c**?

b) Por que as palavras **macio** e **parece** são escritas com **c**, e não com **ç**?

5 Leia as palavras dos cartazes e resolva as atividades.

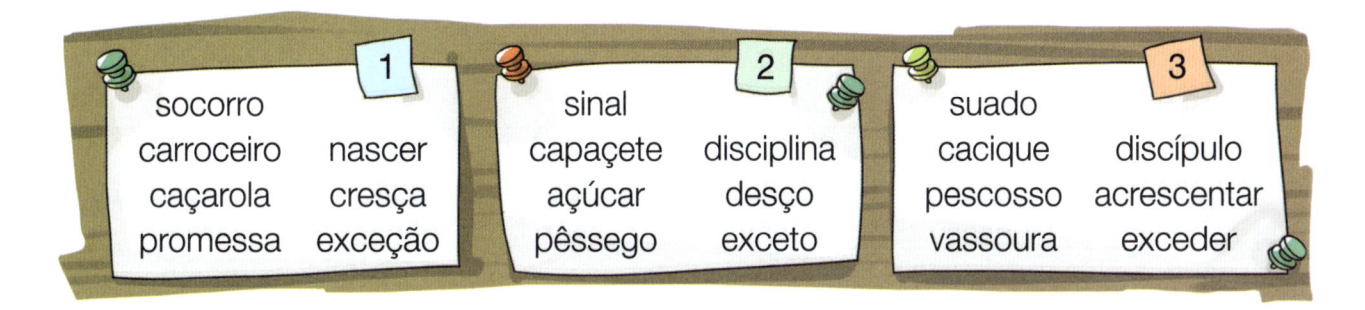

1
socorro
carroceiro   nascer
caçarola   cresça
promessa   exceção

2
sinal
capaçete   disciplina
açúcar   desço
pêssego   exceto

3
suado
cacique   discípulo
pescosso   acrescentar
vassoura   exceder

a) Qual é o quadro que contém todas as palavras escritas corretamente?

_____

b) Que palavras foram escritas incorretamente nos demais quadros? Escreva-as corretamente.

_____

Para falar e escrever melhor

Oficina das palavras — Formando orações

1 Leia algumas informações sobre cães da raça *shih-tzu*.

Características físicas	Comportamento e temperamento
• **Origem**: tibetana. • **Tamanho**: pequeno porte. • **Tempo médio de vida**: 15 anos. • **Peso**: de 4 a 7 kg. • **Altura**: 20 a 30 cm. • **Pelos**: macios, sedosos, compridos. • **Rabo**: peludo e encurvado. • **Cabeça**: arredondada.	• Gosto pelo carinho do dono. • Dócil e amável. • Boa adaptação em ambientes pequenos, como apartamentos. • Higiênico, se for treinado. • Prazer em ficar esparramado em chão de piso frio. • Brincalhão.

Fonte: *Sua pesquisa*, <http://mod.lk/suapesqu>. Acesso em: 16 maio 2018.

• O amigo de João quer adotar um cãozinho. Como João adora a raça *shih-tzu*, pesquisou algumas informações sobre ela e vai escrever uma carta ao amigo tentando convencê-lo a escolher um animalzinho dessa raça.

2 Use algumas das informações do quadro e escreva uma carta convencendo o amigo a escolher esse simpático cãozinho.

• Lembre-se de transformar os itens das listas em orações.

Para falar e escrever melhor

Comunicação oral — Entrevistando

Acessibilidade é um tema muito sério e importante! Os critérios básicos para promover a acessibilidade foram estabelecidos pela Lei nº 10.098, de 19 de dezembro de 2000.

1 Leia o parágrafo único incluído no artigo 4º dessa lei.

> Os parques de diversões, públicos e privados, devem adaptar, no mínimo, 5% (cinco por cento) de cada brinquedo e equipamento e identificá-lo para possibilitar sua utilização por pessoas com deficiência ou com mobilidade reduzida, tanto quanto tecnicamente possível.

2 Para saber se essa lei está sendo cumprida, você e um colega vão entrevistar duas pessoas sobre esse tema.

- Escolham as pessoas que serão entrevistadas. Podem ser familiares, funcionários da escola ou outras crianças e jovens que frequentam parques de diversão de sua cidade.
- Elaborem perguntas claras e objetivas com a classe e o professor. Decidam a ordem das perguntas.
- Anotem, de forma organizada, tudo o que julgarem importante durante a entrevista.

3 Compartilhem com a classe e o professor as conclusões a que chegaram.

Autoavaliação	👍	👎
Contribuí na elaboração das perguntas para a entrevista?		
Segui o roteiro de perguntas?		
Fiz anotações de forma organizada durante a entrevista?		
Ao expor oralmente os resultados, evitei as repetições?		
Fui claro em minha apresentação?		

TEXTO 2

Você vai ler uma **reportagem**. Observe o assunto e o modo como o texto foi organizado.

LER PARA SE INFORMAR

`http://mod.lk/ong6anos`

Bia, 14, criou ONG aos seis anos de idade e ajuda milhares de pessoas

Por Bruno Molinero, de São Paulo

Entrar na casa de Beatriz Martins, 14, sem esbarrar em brinquedos, roupas e cestas básicas espalhados pelos três andares do sobrado, em Guarulhos (SP), é impossível.

"No ano passado, adquirimos mais de 22 mil itens para doar no Natal. Neste ano, acho que vamos conseguir mais", conta a menina, que criou a ONG Olhar de Bia aos seis anos e calcula já ter ajudado mais de 100 mil crianças e pessoas pobres de todo o Brasil.

Beatriz Martins, 14, criou a ONG Olhar de Bia aos seis anos de idade para ajudar pessoas e crianças carentes.

http://mod.lk/ong6anos

Todas as ações da ONG, que vão de corridas beneficentes a eventos nas periferias, acontecem a partir de doações e da ajuda de voluntários. Sem sede própria, tudo é organizado na casa da garota, que conta com a ajuda do pai.

"Para mudar o que está ruim na sociedade, não adianta reclamar. Tem que colocar a mão na massa", acredita.

Neste ano, Bia venceu os Meus Prêmios Nick na categoria Agente Transforma, que premiou a melhor iniciativa de crianças. "Mas meu desejo mesmo é que a ONG não precise existir, que a gente viva num mundo sem violência e sem pobreza."

"Para mudar o que está ruim na sociedade, não adianta reclamar", diz a garota.

Disponível em: <http://mod.lk/ong6anos>. Acesso em: 15 maio 2018.

Tantas palavras

- Na sua opinião, por que a ONG criada por Beatriz se chama "Olhar de Bia"?
- Escreva a sua resposta no *Caderno do Escritor*.

Para compreender o texto

Um pouco de conversa

1) Converse com os colegas.

   a) Qual é o assunto da reportagem?

   b) Onde ela foi publicada?

   c) Você sabe o que é uma ONG?

   d) Na sua opinião, por que o jornal publicou essa matéria?

Compreensão

> **Fique sabendo**
>
> A **reportagem** é um texto jornalístico que tem como característica a investigação do fato noticiado. Ela é composta de:
> - **título** – frase curta que resume o assunto que será tratado;
> - **nome do repórter** – profissional que obtém as informações e escreve o texto;
> - **corpo do texto** – o desenvolvimento do assunto, que geralmente traz o depoimento das pessoas envolvidas.

2) Qual é o título da reportagem?
_____
_____

- O que significa o número que está no título? _____

3) Qual é o nome do repórter que escreveu a reportagem?
_____

4) O objetivo principal da reportagem é:

☐ mostrar um exemplo de como é possível melhorar a qualidade de vida de pessoas carentes, independentemente da idade e das condições financeiras de quem quer ajudar.

☐ mostrar que não é qualquer um que pode ajudar pessoas carentes a melhorar de vida. Depende das condições financeiras de quem quer ajudar.

Para compreender o texto

5 Por que a reportagem diz que é impossível entrar na casa de Bia sem esbarrar em brinquedos, roupas e cestas básicas?

_____

_____

6 Quantos anos Bia tinha quando fundou a ONG? E na época da reportagem?

_____

7 Por que ela criou a ONG?

_____

8 Qual é o maior desejo de Bia?

> **Fique sabendo**
>
> A reportagem pode ter **fotografias**, que ilustram e esclarecem as informações.
>
> As fotografias geralmente são acompanhadas de uma **legenda**, frase curta colocada ao lado ou abaixo da foto para explicá-la.

9 Observe as fotos, nas páginas 164 e 165, e leia as legendas.

a) As fotos apenas ilustram a reportagem ou dão mais informações?

_____

_____

b) As legendas reforçam as informações do texto ou acrescentam novos dados?

_____

De olho na linguagem

Multimídia: Reportagem

10 Releia.

"Para mudar o que está ruim na sociedade, não adianta reclamar. Tem que colocar a mão na massa", acredita.

a) De quem é esse depoimento? _____

b) O que significa a expressão "colocar a mão na massa"?

_____

_____

Para falar e escrever melhor

Gramática — Sujeito e predicado

1 Leia.

> Coraline girou a chave na porta. A chave girou com um *clunk* sonoro.
>
> A porta abriu-se completamente.
>
> [...]
>
> Um vento frio soprava pela passagem.
>
> Neil Gaiman. *Coraline*. São Paulo: Rocco, 2003.

a) A porta de Coraline abriu-se de forma lenta e suave? Justifique.

_____

_____

b) Copie os verbos do texto.

_____

c) Complete o quadro com informações do texto.

Quem?	Fez o quê?
Coraline	
A chave	
A porta	
Um vento frio	

Uma oração pode ter dois elementos principais: o **sujeito** e o **predicado**. Exemplo:

sujeito	predicado
Coraline	*girou* a chave na porta.
3ª pessoa do singular	3ª pessoa do singular

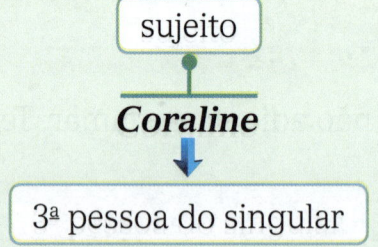

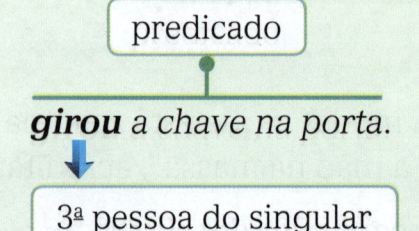

O **sujeito** é o termo sobre o qual se declara alguma coisa.

O **predicado** é aquilo que se declara sobre o sujeito.

O verbo faz parte do predicado e concorda com o sujeito em número e pessoa.

Para falar e escrever melhor

2 Leia as orações e circule o sujeito de cada uma delas.

a) As histórias de terror atraem leitores de todas as idades.

b) Eu vivi uma aventura muito perigosa.

c) Ela falava com gatos, ratos e com os brinquedos de dentro da caixa.

d) Os seus vizinhos eram tão estranhos!

e) Sua vida mudou depois de tudo aquilo.

3 Circule o sujeito e sublinhe o predicado.

a) Os livros são companhias agradáveis em qualquer situação.

b) Maya e eu vamos ao teatro hoje.

c) As crianças gostam de histórias em quadrinhos.

d) Minha professora indicou bons livros para leitura de férias.

e) Eu comprei um vestido e uma sandália para você.

Audiovisual
Sujeito e predicado

4 Forme frases escrevendo um predicado para cada sujeito.

a) As meninas _____.

b) A chuva _____.

c) Os amigos _____.

d) Eu e meus pais _____.

5 Complete o quadro.

Sujeito	Predicado
O dono da padaria	
A minha vizinha	
	comeu toda a carne do jantar.
	escorregou no piso molhado.

Para falar e escrever melhor

Ortografia — Letra X

1 Leia o trecho inicial de uma notícia.

Kaluanã, a pequena grande guerreira

Acompanhe o resgate de um filhote de peixe-boi-da-amazônia!

Apesar de atender pelo nome de *peixe*-boi-da--amazônia, estamos falando de um mamífero que vive nos rios. Um filhote fêmea dessa espécie, que está ameaçada de extinção, foi encontrado em setembro de 2016 em um trecho do rio Anapu, próximo à comunidade de Santo Antônio, que fica no entorno da Floresta Nacional de Caxiuanã, na ilha do Marajó. Para resgatá-lo, pesquisadores criaram uma expedição. [...]

Kaluanã no local onde estava sendo mantida sob os cuidados de uma família da comunidade Santo Antônio, na Floresta Nacional de Caxiuanã, PA.

Disponível em: *Ciência Hoje das Crianças*, 17/10/2016, <http://mod.lk/peixeboi>. Acesso em: 15 maio 2018.

a) Quem é Kaluanã? O que aconteceu com ela?

b) Sublinhe no texto as palavras com a letra **x**.

c) O som da letra **x** nessas palavras é igual?

☐ Sim.   ☐ Não.

- Copie as palavras em que a letra **x** representa o som CH.

_____

- Copie as palavras em que a letra **x** representa o som S.

_____

A letra X representa diferentes sons: CH – *xícara*; S – *explicar*; Z – *exato*; CS – *táxi*.

Na escrita, usa-se a letra X para representar o som CH:
- depois de ditongo – *caixa*, *eixo*;
- depois da sílaba inicial **en** – *enxada*, *enxurrada*.

Atenção! Palavras derivadas de **cheio** e de **charco** são escritas com CH – *enchente*, *encharcado*.

Para falar e escrever melhor

2 Leia as palavras abaixo em voz alta.

| extintor | reflexo | ameixa | xícara | exótico | expectativa |
| exemplo | textual | axila | exato | mexilhão | circunflexo |

- Organize as palavras no quadro de acordo com o som da letra **x**.

Som CH	Som S	Som Z	Som CS

3 Complete as palavras da mesma família com **es** ou **ex**.

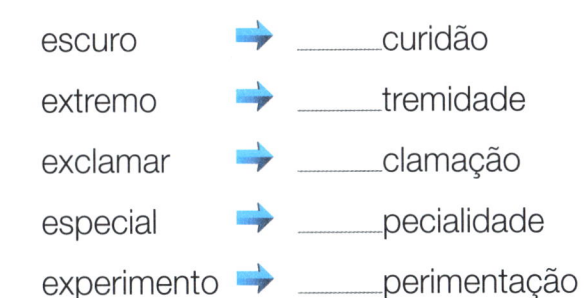

escola ➡ _____colaridade	escuro ➡ _____curidão
expor ➡ _____posição	extremo ➡ _____tremidade
esconder ➡ _____conderijo	exclamar ➡ _____clamação
extenso ➡ _____tensão	especial ➡ _____pecialidade
exportar ➡ _____portação	experimento ➡ _____perimentação

4 Leia a tirinha.

PEANUTS — Schulz

Quadro 1: É UMA PERDA DE TEMPO FICAR ESPERANDO UMA CARTA DE AMOR AO LADO DA CAIXA DE CORRESPONDÊNCIA...

Quadro 2: ELA NUNCA VAI CHEGAR...

Quadro 3: EU SEI DESSAS COISAS... SOU UM ESPECIALISTA!

Quadro 4: QUE COISA TRISTE SER ESPECIALISTA NISSO...

© 1985 PEANUTS WORLDWIDE LLC./DIST. BY ANDREWS MCMEEL SYNDICATION
PEANUTS, CHARLES SCHULZ © 1985 United Feature Syndicate, Inc.

a) O menino é especialista em quê?

b) Por que a palavra **caixa**, no primeiro quadrinho, é escrita com a letra **x**?

_____

Não confunda! **MAU ou MAL**

O _____ jogador comete muitas faltas e faz poucos gols.

A moça sentiu-se _____ depois de comer uma melancia inteira.

171

Para falar e escrever melhor

Memória visual

Acerte a letra!

Jéssica e Alex estão competindo para ver quem consegue completar o maior número de palavras corretamente.

Cada jogador deve escolher uma palavra do painel e bater sobre a letra ou o dígrafo que completa a palavra escolhida.

Se acertar, o jogador ganha dois pontos. Se errar, perde um.

Ganha o jogador que fizer mais pontos.

1

1. e____elência
2. a____ougue
3. de____ida
4. e____eto
5. xero____
6. amei____a
7. acré____imo
8. aterri____agem
9. imen____o
10. fa____a
11. e____plorar
12. de____o
13. ____édula
14. e____emplo
15. e____elente
16. ca____cata

C S SÇ Ç SS SC X XC

Para falar e escrever melhor

2

1. va____ina
2. ge____o
3. refle____o
4. apare____er
5. fa____ina
6. ____ino
7. mudan____a
8. deze____eis
9. di____iplina
10. fa____inação
11. e____eção
12. ____ervo
13. na____o
14. e____ibição
15. e____êntrico
16. e____tra

COMUNICAÇÃO ESCRITA

Hora de produzir um texto! Vá para a página 40 do **Caderno do Escritor**.

UNIDADE 8
Eu defendo uma opinião

1 – EVARISTO SÁ/AFP; 2 – CAROLYN JENKINS/ALAMY/FOTOARENA; 3 – NURPHOTO/GETTY IMAGES; 4 – JFF/CITIZEN OF THE PLANET/EDUCATION IMAGES/UIG/GETTY IMAGES; 5 – CITIZEN OF THE PLANET/EDUCATION IMAGES/UIG/GETTY IMAGES; 6 – ALAIN PITTON/NURPHOTO/GETTY IMAGES; 7 – MONIRUL BHUIYAN/AFP/GETTY IMAGES

O que eu vejo

Observe as imagens e converse com os colegas.

- Por que essas pessoas estão reunidas?
- Que atividades estão realizando?
- Como parecem estar se sentindo?

O que eu sei

Agora, fale de você.

- Você já participou de uma manifestação popular? Se participou, como foi?
- Já viu algum tipo de protesto coletivo? Contra o que protestavam?
- Quais são as formas de defesa de um ponto de vista?

1 - *Ambientalistas protestam em Brasília*, 8 ago. 2007; 2 - *Crianças protestam contra lixo deixado na praia*, Bournemouth, Reino Unido, 6 ago. 2016; 3 - *Marcha global do clima*, Madri, Espanha, 29 nov. 2015; 4 - *Grupo limpa praia em Gotemburgo*, Suécia, 8 jul. 2011; 5 - *Estudantes em Culver City*, Los Angeles, EUA, 4 fev. 2014; 6 - *Marcha pela ciência em Toulouse*, França, 22 abr. 2017; 7 - *Marcha global pelos elefantes, rinocerontes e leões*, Gaborone, Botswana, 7 out. 2017.

TEXTO 1

Você vai ler um **apólogo**. Observe bem quem são as personagens principais e como elas agem.

LER POR PRAZER

Assembleia na carpintaria

Contam que numa carpintaria houve uma vez uma estranha assembleia.

Foi uma reunião de ferramentas para acertar suas diferenças.

Um martelo exerceu a presidência, mas os participantes lhe notificaram que teria de renunciar.

A causa? Fazia demasiado barulho e, além do mais, passava todo o tempo golpeando.

— Aceito minha culpa, mas o parafuso também deve ser expulso, porque ele dá muitas voltas para conseguir algo — defendeu-se o martelo.

Diante do ataque, o parafuso se manifestou:

— Concordo, mas a lixa também deve ser expulsa, porque ela é muito áspera no tratamento com os demais, entrando sempre em atritos.

— Acato sua opinião — advogou a lixa — com a condição de que se expulse o metro, que sempre mede os outros segundo a sua medida, como se fosse o único perfeito.

Nesse momento entrou o carpinteiro, juntou o material e iniciou o seu trabalho.

Utilizou o martelo, a lixa, o metro e o parafuso.

Finalmente, a rústica madeira se converteu num fino móvel.

FERNANDO DE SOUZA

Quando a carpintaria ficou novamente só, a assembleia reativou a discussão.

Foi então que o serrote tomou a palavra e disse:

— Senhores, ficou demonstrado que temos defeitos, mas o carpinteiro trabalha com nossas qualidades, com nossos pontos valiosos. Assim, não pensemos em nossos pontos fracos e concentremo-nos em nossos pontos fortes.

A assembleia entendeu que o martelo era forte, o parafuso unia e dava força, a lixa era especial para limar e afinar asperezas e o metro era preciso e exato.

Sentiram-se então como uma equipe capaz de produzir móveis de qualidade.

Sentiram alegria pela oportunidade de trabalhar juntos.

Ocorre o mesmo com os seres humanos. Basta observar e comprovar. Quando uma pessoa busca defeitos em outra, a situação torna-se tensa e negativa; ao contrário, quando se busca com sinceridade os pontos fortes dos outros, florescem as melhores conquistas humanas.

É fácil encontrar defeitos, qualquer um pode fazê-lo. Mas encontrar qualidades... isso é para os sábios!

Autor desconhecido. Disponível em: <http://mod.lk/riovale>. Acesso em: 21 maio 2018. Texto adaptado.

Tantas palavras

- Releia no texto as expressões **pontos fracos** e **pontos fortes**.
- Converse com o professor e os colegas sobre o significado delas no texto. Tente entender o significado dessas expressões pelas pistas que o texto fornece na fala da personagem serrote. Depois, registre no *Caderno do Escritor*.

Para compreender o texto

Um pouco de conversa

1 Converse com os colegas.

a) Você sabe o que é uma assembleia? Já participou de alguma?

b) Na história, qual foi o motivo da assembleia?

c) Quem são as personagens desse apólogo?

Compreensão

> **Fique sabendo**
>
> O **apólogo** é uma narrativa em que as personagens principais são seres inanimados que pensam e agem como seres humanos.

2 Qual personagem chega no momento da assembleia e muda o rumo dela?

_____

3 No final, as personagens conseguiram chegar a um acordo?

_____
_____
_____
_____

> **Fique sabendo**
>
> O **apólogo** é uma narrativa construída de modo que as ações cumpram o objetivo de transmitir um ensinamento moral.
>
> No apólogo, os exemplos de atitudes das personagens são usados como **argumentos** para **convencer** o interlocutor a mudar seu comportamento, seu modo de agir.
>
> Esse **ensinamento moral** pode ser expresso por uma personagem ou pelo narrador.

Para compreender o texto

4 Complete a tabela de acordo com o texto.

Personagem(ns)	Opinião		Argumento
_____	O martelo deveria renunciar à presidência.	→	Fazia muito barulho e passava todo o tempo golpeando.
_____	O parafuso deveria ser expulso.	→	_____
_____	_____	→	Era áspera no tratamento com os demais e entrava em atritos.
_____	_____	→	Media os outros segundo sua medida e se achava perfeito.

5 Com qual argumento o serrote conseguiu mudar a opinião dos outros membros da assembleia?

_____
_____
_____

6 Releia os dois últimos parágrafos do apólogo.

- Qual é o ensinamento que ele traz ao leitor? Você concorda com ele?

De olho na linguagem

7 As ações praticadas com o uso de ferramentas adquirem outro significado no texto.

a) **Golpear** com um martelo é bater num prego, por exemplo. E, no texto, o que significa passar "o tempo todo golpeando"?

b) O que torna a madeira lisa e plana é o **atrito** da lixa, que é um objeto **áspero**, ao ser raspada em sua superfície. No texto, o que quer dizer "ser áspera" e "entrar em atrito"?

🔊 Áudio
Um apólogo

8 Por que as palavras foram usadas com sentidos diferentes nesse apólogo?

Para falar e escrever melhor

Gramática — Conjunção

1 Releia este trecho do apólogo *Assembleia na carpintaria*, do qual retiramos uma palavra.

— Senhores, ficou demonstrado que temos defeitos, o carpinteiro trabalha com nossas qualidades, com nossos pontos valiosos.

a) É possível perceber que falta uma palavra no texto? Por quê?

b) Volte ao texto e releia esse trecho observando a palavra que foi retirada.

- Ficou mais fácil entender o texto? Por quê?

2 A palavra retirada do trecho é uma **conjunção**. Tente explicar o que é conjunção de acordo com o que observou.

> **Conjunção** é a palavra que liga orações ou palavras atribuindo a elas um sentido.
> Exemplos:
> *Aceito minha culpa,* **mas** *o parafuso também deve ser expulso [...].*
> (liga orações)
> *Utilizou o martelo, a lixa, o metro* **e** *o parafuso.* (liga palavras)
> São conjunções: *e, nem, ou, mas, porém, todavia, contudo, pois, que, porque, portanto, logo, enquanto, se, caso, conforme, segundo, como, quando* etc.
> Locução conjuntiva é um conjunto de palavras que tem o mesmo valor de uma conjunção.
> São locuções conjuntivas: *por isso, por conseguinte, sempre que, uma vez que* etc.
>
> Veja relação de conjunções e locuções conjuntivas na página 200.

3 Ligue as orações usando as conjunções **e**, **mas**, **se** ou **porque**.

a) Nosso time não ganhou, _____ todos jogaram muito bem.

b) Pedro, Maria _____ Lucas sempre foram bons amigos.

c) As crianças estão felizes _____ seus pais vão levá-las ao cinema.

d) O mundo será melhor _____ houver mais igualdade entre as pessoas.

Para falar e escrever melhor

4 Sublinhe os verbos das orações e circule a conjunção que faz a ligação entre elas.

a) As aulas terminaram mais cedo e os alunos já foram para casa.

b) Os pais estão felizes porque seus filhos são saudáveis.

c) As crianças só saíram da piscina quando a noite chegou.

Fique atento à diferença!

- **Mas** é conjunção que introduz oposição, restrição, advertência.
  *Ela estudou muito, **mas** não foi aprovada.*
- **Mais** é advérbio que exprime intensidade, maior grau, quantidade.
  *Precisamos conversar **mais**.*   *Ela é **mais** estudiosa que você.*

Atividade interativa
Conjunção

5 Complete as frases com **mas** ou **mais**.

a) Sua infância foi a _____ difícil, _____ hoje tudo foi superado.

b) Meus avós nasceram na Itália, _____ nunca _____ voltaram para lá.

c) Quer sempre _____ e _____, _____ não é feliz.

6 Que relação de sentido as conjunções em destaque estabelecem entre as orações?

| oposição | adição | explicação |

a) Ninguém esperava, **mas** o Brasil ganhou muitas medalhas.
_____

b) Eu me levantei cedo, **pois** senti o cheirinho de café.
_____

c) Estou com muita fome: não tomei café **nem** almocei até agora.
_____

Esquina da poesia

*Há hora pra tudo, dizem,
E tudo tem sua hora
Mas ninguém fez no relógio
a hora de não ter hora.*

Elza Beatriz. H de hora.
Em *Poesia fora da estante*.
Porto Alegre: Projeto, 2013.

Para falar e escrever melhor

Dicionário — Plurissignificação

1 Leia o texto.

Sangue frio, eu!?!

Esqueça o que você ouviu sobre lagartos serem animais de sangue frio: sabemos que eles usam o calor do Sol para esquentar o corpo, mas não é só. Ao observar teiús-gigantes por um ano, pesquisadores viram que esses animais são capazes de produzir calor com seu metabolismo, pelo menos durante o período reprodutivo. Que esquentadinhos!

Revista Ciência Hoje das Crianças, n. 277. Rio de Janeiro, abr. 2016.

- Costuma-se chamar de animais de sangue frio aqueles que necessitam do calor do meio ambiente para se aquecer. Explique o título do texto.

2 Agora, leia o verbete.

> **esquentar** (es.quen.tar) **verbo 1** Ficar quente. *A temperatura vai esquentar no fim de semana.* **2** Deixar quente. *Heloísa dorme de meias para esquentar os pés.* ☛ Sinôn.: *aquecer*. **3** Ficar ou deixar nervoso. *Patrícia se esquentou com a má-criação do irmão.* ☛ Sinôn.: *aborrecer, irritar*. **4** Você também pode dizer que uma festa esquenta quando ela fica mais animada. ☛ Os sentidos 3 e 4 são de uso informal.

Instituto Antônio Houaiss de Lexicografia. *Dicionário Houaiss ilustrado*. São Paulo: Moderna, 2016.

a) Que significado do verbo **esquentar** se aplica ao trecho: "eles usam o calor do Sol para esquentar o corpo"?

b) De qual significado o adjetivo **esquentadinhos** se aproxima?

c) O significado de **esquentadinho** na frase seguinte é o mesmo que tem no texto?

O atacante do nosso time é bem **esquentadinho**; briga com todo mundo.

Para falar e escrever melhor

> Uma mesma palavra pode assumir diferentes significados. Essas diferentes significações são chamadas **plurissignificação**.

3 Leia o texto.

Sem sombra de dúvida, a fabricação do **vidro**, há cerca de 5.000 anos, foi puro acaso. Espalhando na areia as brasas de uma fogueira, os homens perceberam que o calor a derretia. Voltando a esfriar, a areia derretida formava uma estranha matéria, dura como pedra, mas **transparente**, deixando passar a luz. Era o vidro.

Daniel Albert Kouraquine.
As grandes invenções. São Paulo: Scipione, 1994.

• Observe os significados da palavra **vidro**.

> **vi.dro** *s.m.* **1** Substância dura, transparente e frágil. **2** Pessoa muito melindrosa ou suscetível, que se ofende com qualquer coisa.

a) Qual desses significados se aplica ao texto?

b) Escreva uma frase usando o outro significado da palavra **vidro**.

c) Pesquise os signifcados da palavra **transparente**. Que significado ela tem no texto?

d) Escreva uma frase com a palavra **transparente** com o mesmo significado que ela tem no texto.

Para falar e escrever melhor

Oficina das palavras — Ligando orações

1 Leia este pequeno texto de opinião.

O Brasil é um país privilegiado em relação à quantidade e à qualidade de suas águas, **mas** podemos perder esse privilégio **se** a população desperdiçar água **e** o governo não fizer sua parte.

Todos sabem ser impossível viver sem água, **por isso** preservar esse recurso não renovável é fundamental.

Cachoeira do rio Lajeado, em Lajeado, Tocantins, abril 2016.

- Nesse texto foram utilizadas as conjunções **mas**, **se**, **e** e a locução conjuntiva **por isso** para ligar orações. Leia atentamente o sentido de cada uma.

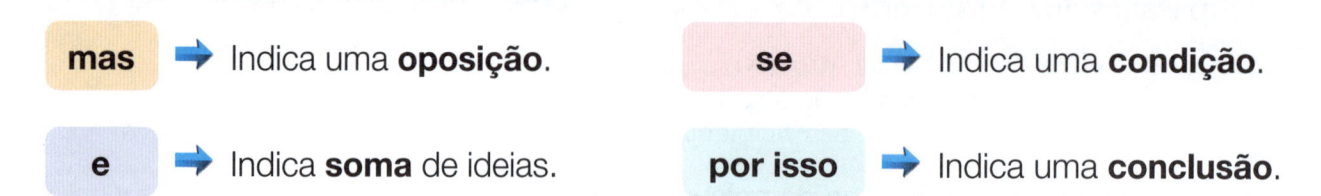

| **mas** ➡ Indica uma **oposição**. | **se** ➡ Indica uma **condição**. |
| **e** ➡ Indica **soma** de ideias. | **por isso** ➡ Indica uma **conclusão**. |

2 Escreva um pequeno texto de opinião sobre um assunto de sua escolha.

a) Use conjunções para ligar orações.

b) Consulte os exemplos de conjunção na página 180.

Para falar e escrever melhor

Comunicação oral — Realizando um debate

1 Leia esta notícia.

Ilhas Tremiti, Itália, acabam de banir plástico

[...] O exemplo mais recente vem das ilhas Tremiti, Itália. Aos poucos o mundo civilizado começa a banir o plástico, material importante por um lado, mas terrível por outro. Ele não se desfaz. Sua reciclagem é cara e difícil em todo o mundo. Vários países adotaram a norma. É preciso que o Brasil, com o maior litoral do Atlântico Sul, faça sua parte e entre nesta parada. [...]

O prefeito Antonio Fentini assinou uma nova portaria com a proibição entrando em vigor a partir de 1º de maio de 2018, com multas de 50 a 500 euros, para quem for pego tentando quebrar as regras. [...] Em declaração ao *La Republica*, disse o prefeito: "Dia após dia, estamos vendo os seres humanos matando nosso mar. Tivemos que fazer algo imediatamente". [...]

João Lara Mesquita. Disponível em: <http://mod.lk/marsemfi>. Acesso em 29 maio 2018.

2 E você, o que pensa sobre esse tema?

- Prepare-se para o debate anotando suas principais ideias. Lembre-se de registrar também os argumentos para justificar sua opinião.

3 Durante o debate:

- um aluno de cada vez expõe sua opinião para os colegas e explica por que pensa desse modo.
- ao se expressar, evite o uso de gírias, como *tipo assim*, *o cara lá*, *aí já era* e outras expressões que você costuma usar quando está entre amigos. Lembre-se: você está debatendo um assunto e não tendo uma conversa informal.

> **Ouça as pessoas com atenção e respeito!**
> Preste atenção na exposição dos colegas e respeite a opinião deles.

Autoavaliação

	👍	👎
Expus os argumentos para justificar minha opinião?		
Ouvi com atenção meus colegas e respeitei a opinião deles?		
Discordei de alguma opinião e disse por quê?		
Ao expressar minha opinião, usei conjunções como *mas, portanto, pois, porque*?		

TEXTO 2

O texto que você vai ler é um **artigo de opinião**. Ele foi publicado com uma **tirinha** que trata do mesmo tema.

Atente para o modo como a autora do texto defende seu ponto de vista.

LER PARA SE INFORMAR

Você é uma criança vaidosa?

Você é uma criança vaidosa? Sabe o que é vaidade, não sabe? É aquela vontade de que os outros vejam você e o achem bonito, vestido com roupas e calçados que estão na moda ou que, pelo menos, muitos colegas e amigos usam. Estar sempre com o cabelo bem arrumado ou bem desarrumado, esse tipo de coisa.

Para ter vaidade não importa o sexo: há meninas vaidosas e meninos também. Já foi diferente. Algum tempo atrás, eram mais as garotas que davam essa importância toda à aparência, e os garotos eram mais desencanados. Mas tudo mudou, e agora meninas e meninos se importam com isso. É ou não é?

Tem criança vaidosa demais. Conheço meninas e meninos que, antes de sair, ficam um tempão olhando para o espelho, checando se está tudo OK. E olham daqui, olham de lá e olham de novo! Parece que nunca ficam satisfeitos com o que veem. Muitas dessas crianças só querem que os colegas gostem delas e acham que, tendo uma boa aparência, isso se resolve.

Mas vamos pensar: será que beleza faz a pessoa ser mais legal? E será que o que você está enxergando no espelho é a mesma coisa que os outros também veem? Aposto que não.

Tudo bem ter um pouco de vaidade, porque isso até ajuda a pessoa a cuidar bem de si mesma.

Mas vaidade demais atrapalha, porque deixa a criança insegura. Pode ser que ela pense que só vai conseguir ter colegas e amigos que gostem dela por causa do modo como ela se veste ou se penteia. Para falar a verdade, nunca, nunquinha mesmo, alguém vai conseguir agradar a todo mundo.

E sempre é bom lembrar que a aparência é só uma parte de você, não é tudo. É verdade que ela pode ajudar na aproximação com as outras crianças, mas, se você não for legal com elas, da paz, amigo, não vai adiantar nada. Por isso, tenha um pouco de vaidade, mas não deixe que ela cresça demais, está bem?

ARMANDINHO — Alexandre Beck

- MINHA TIA ME DEU UM ESTOJO DE MAQUIAGEM DE ANIVERSÁRIO!
- E DO MEU PAI GANHEI UM LIVRO!
- UMA EMBALAGEM BONITA PRECISA TER UM BOM CONTEÚDO!

Rosely Sayão. Quebra-cabeça. Disponível em: <http://mod.lk/vaidosa>. Acesso em: 29 maio 2018.

Tantas palavras

- Você conhece a expressão **OK**?
- Costuma usar essa expressão? Em que situações?
- Que significado ela tem no texto?

Para compreender o texto

Um pouco de conversa

1 Converse com os colegas.

a) Como você respondeu ao título do artigo?

b) Seus amigos consideram você vaidoso?

c) Na sua opinião, para fazer amigos é preciso ter boa aparência? Por quê?

Compreensão

> **Fique sabendo**
>
> O **artigo de opinião** mostra a maneira de pensar do autor do texto sobre um assunto, um acontecimento ou uma ideia. Ele é composto de:
> - introdução – apresentação do tema;
> - opinião – o que o autor pensa sobre o assunto;
> - argumento – justificativa da opinião;
> - conclusão – ideia final sobre o que foi exposto.

2 Qual é a ideia principal (tema) do texto? _____

3 Para introduzir o tema, a autora utiliza os seguintes recursos:

☐ Dirige-se ao leitor fazendo perguntas sobre o tema.

☐ Expõe sua opinião sobre vaidade e explica por quê.

☐ Explica o que significa o termo abordado.

☐ Afirma que há crianças vaidosas demais.

4 Assinale a opinião da autora.

☐ Muitas crianças são vaidosas porque gostam de estar na moda.

☐ Muitas crianças se preocupam com a aparência para que os colegas gostem delas.

☐ Crianças que não são vaidosas não têm amigos.

Para compreender o texto

5 Na opinião da autora, ter um pouco de vaidade é importante. Ela argumenta que isso ajuda a pessoa a cuidar de si mesma.

- O que significa "cuidar de si mesma"? Assinale a resposta que achar correta.

  ☐ Ter roupas e sapatos caros, estar com o cabelo na moda.

  ☐ Ter cuidados de higiene, como tomar banho, escovar os dentes, ter as unhas cortadas, usar roupas limpas.

6 A autora defende que vaidade demais atrapalha.

a) Como ela justifica essa opinião? Explique.

b) Você, ao se vestir, se preocupa em agradar aos colegas?

7 Releia a afirmação da autora.

[...] nunca, nunquinha mesmo, alguém vai conseguir agradar a todo mundo.

- Você concorda com ela? Explique.

8 Qual é a conclusão da autora sobre ser vaidoso?

_____
_____
_____

9 Ao longo do artigo, a autora usa vários pontos de interrogação. Por quê?

☐ Porque ela quer que o leitor interrompa a leitura e responda a cada uma.

☐ Porque ela quer estabelecer uma conversa com o leitor, fazendo perguntas que o levam a pensar a respeito do tema.

10 Releia a tirinha de Armandinho que acompanha o artigo de opinião.

a) Que presentes a menina ganhou de aniversário?

_____

b) Converse com os colegas e explique a fala da menina no último quadrinho. O que é a embalagem e o que é o conteúdo?

c) Qual presente se refere à embalagem? Qual se refere ao conteúdo? Explique.

Para falar e escrever melhor

Gramática — Concordância: artigo, adjetivo e substantivo

1 Leia a tirinha.

ANIMATIRAS Jean Galvão

a) O quadrinista constrói o humor por meio do exagero. De que modo ele é representado na cena?

b) Que adjetivo caracteriza o substantivo **pelos** no primeiro quadrinho?
_____

c) Identifique o artigo que acompanha o substantivo **pelos** e o artigo que acompanha o substantivo **sofá**.
_____

d) Por que um artigo está no plural e o outro no singular?
_____
_____

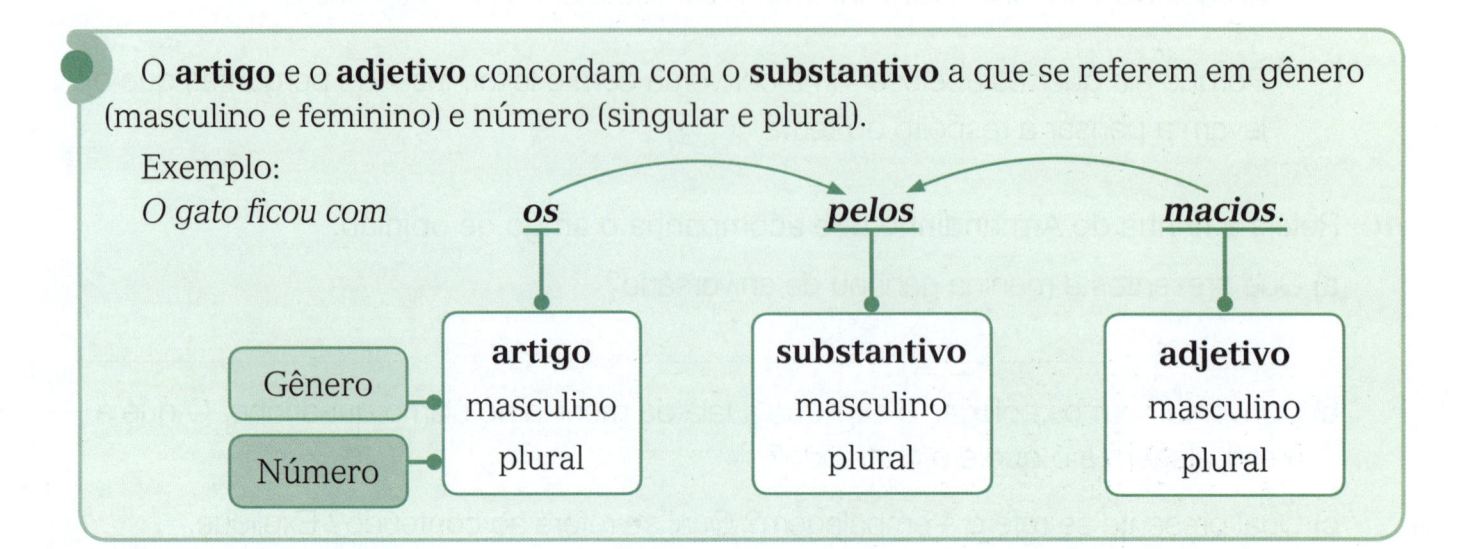

O **artigo** e o **adjetivo** concordam com o **substantivo** a que se referem em gênero (masculino e feminino) e número (singular e plural).

Exemplo:
O gato ficou com **os** **pelos** **macios**.

	artigo	substantivo	adjetivo
Gênero	masculino	masculino	masculino
Número	plural	plural	plural

190

Para falar e escrever melhor

2 Complete as frases com as palavras entre parênteses. Faça a concordância necessária.

a) _____ flores do jardim são _____ e _____. (o / bonito / perfumado)

b) _____ atores muito _____ animaram _____ parte da festa. (um / engraçado / bom)

c) Comi _____ empadinhas _____ e tomei _____ vitamina _____. (um / delicioso / um / geladíssimo)

3 Escreva o título do texto da página 186 substituindo o substantivo **criança** pelo substantivo **indivíduo**.

- O que aconteceu com o adjetivo?

_____
_____

4 Copie este trecho do texto da página 186 substituindo o substantivo **pessoa** pelo substantivo **indivíduo**.

Mas vamos pensar: será que beleza faz a pessoa ser mais legal?

_____
_____

- O que aconteceu com o adjetivo **legal**?

_____

> Alguns **adjetivos** têm a **mesma forma** para o masculino e para o feminino.
> Exemplos:
> Henrique é um menino **inteligente**.   Gabriela é uma menina **inteligente**.

5 Reescreva as frases usando o substantivo no masculino ou no feminino, conforme o caso.

a) A bela atriz experiente encantou a plateia.

_____

b) Um jovem veterinário está cuidando dos gatos da praça.

_____

Para falar e escrever melhor

Ortografia — TRAZ, TRÁS e ATRÁS

1) Leia a tirinha e observe a fala de Calvin nos dois primeiros quadrinhos.

CALVIN E HAROLDO — Bill Waterson

a) O que Calvin está fazendo? O que vai "pra trás, pra frente"?

_____
_____

b) Qual é o resultado da brincadeira de Calvin?

_____
_____

c) A justificativa de Calvin foi convincente? Como você percebeu isso?

2) Nas frases abaixo, qual das palavras destacadas é um verbo? Assinale a frase.

☐ A água seguiu meus movimentos pra **trás** e pra frente.

☐ Mãe, **traz** a toalha, por favor!

- **Traz** é uma forma do verbo **trazer**.
  Exemplo:
  *Você me **traz** um sorvete?*

- **Trás** é preposição ou advérbio. É usada com mais frequência na locução prepositiva **por trás de** e na locução adverbial **para trás**.
  Exemplos:
  ***Por trás de** tanta manha há uma artimanha.* (locução prepositiva)
  *Olhe **para trás**, sua mãe a chamou.* (locução adverbial)

- **Atrás** é um advérbio de lugar. Pode significar *após, detrás, depois, a seguir*.

Para falar e escrever melhor

3 Reescreva as frases substituindo o verbo **trazer** pelas opções abaixo.

| ocasiona, causa | atrai, faz vir | transporta, conduz |

a) A enchente **traz** perigos e doenças à região alagada.
___

b) A perua escolar **traz** as crianças com segurança.
___

c) O lixo jogado na rua, a céu aberto, **traz** doenças.
___

4 Complete as frases com **traz**, **atrás** ou **trás**.

a) O Sol _____ vida para o planeta Terra.

b) No fim do dia, o Sol se esconde _____ das montanhas.

c) Por _____ daquele sorriso maroto tem sempre uma travessura.

d) Marina correu _____ de seu cãozinho.

e) Por _____ das histórias dos pescadores há muita fantasia.

f) O mágico desapareceu por _____ daquela cortina de fumaça.

g) O metrô _____ as pessoas para o trabalho.

5 Com base na imagem, escreva um pequeno texto usando as palavras **traz** e **atrás**.
___
___
___
___
___

Não confunda! SC, SÇ ou SS

o___o   cre___imento   na___a   a___ensorista
pe___oa   con___iência   bú___ola   dino___auro

Para falar e escrever melhor

Memória visual

Computador maluco!

Elvira fez uma pesquisa sobre algumas palavras da língua portuguesa com escrita semelhante. Encontrou frases e provérbios interessantes, mas, na hora de imprimir, o computador enlouqueceu: imprimiu apenas as palavras semelhantes, enquanto na tela só se viam as frases incompletas.

- Ajude Elvira a reorganizar corretamente seu trabalho completando as frases.

ISABELLE BARRETO

TRÁS

TRAZ

ATRÁS

MAS

MAIS

Para falar e escrever melhor

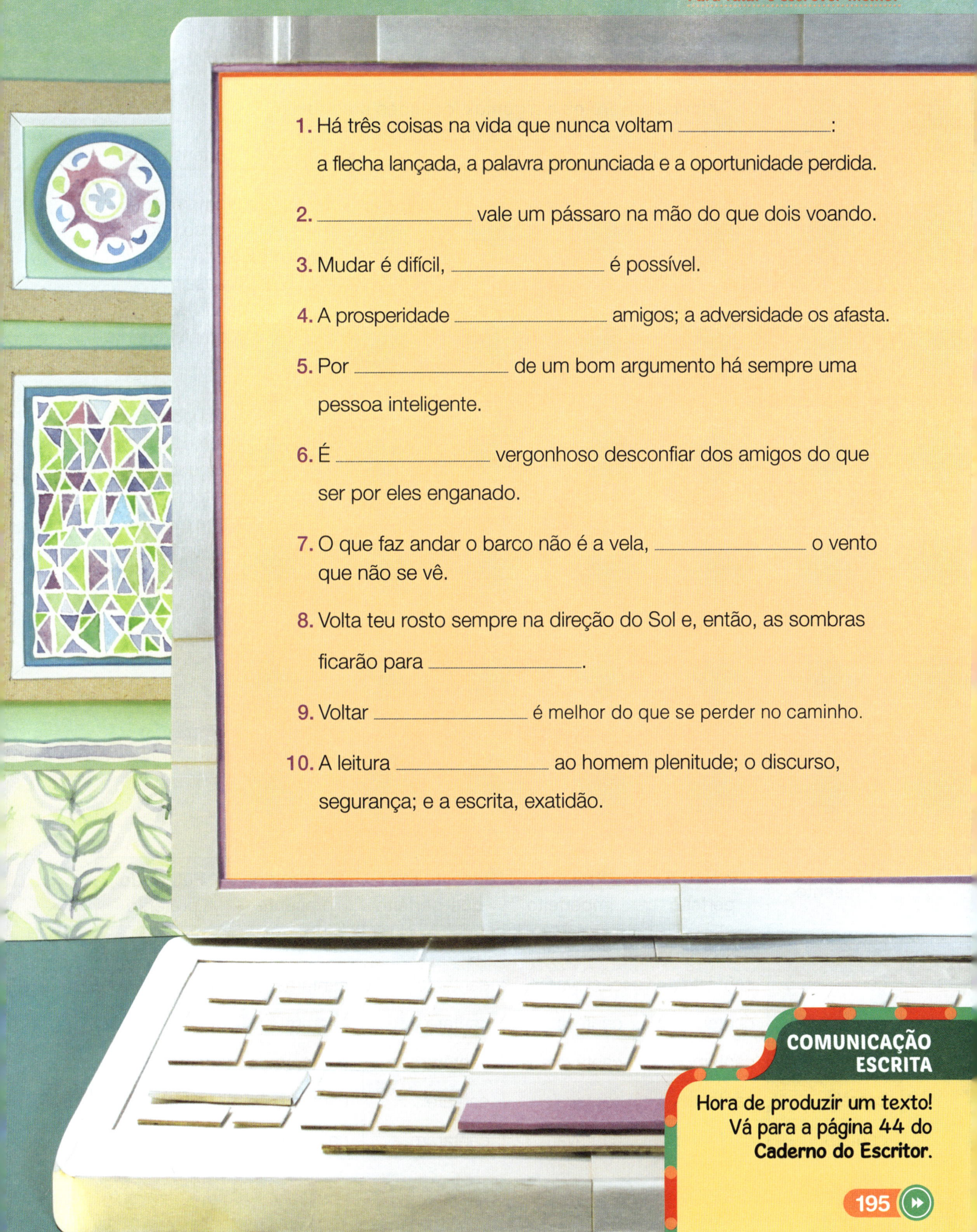

1. Há três coisas na vida que nunca voltam _____: a flecha lançada, a palavra pronunciada e a oportunidade perdida.

2. _____ vale um pássaro na mão do que dois voando.

3. Mudar é difícil, _____ é possível.

4. A prosperidade _____ amigos; a adversidade os afasta.

5. Por _____ de um bom argumento há sempre uma pessoa inteligente.

6. É _____ vergonhoso desconfiar dos amigos do que ser por eles enganado.

7. O que faz andar o barco não é a vela, _____ o vento que não se vê.

8. Volta teu rosto sempre na direção do Sol e, então, as sombras ficarão para _____.

9. Voltar _____ é melhor do que se perder no caminho.

10. A leitura _____ ao homem plenitude; o discurso, segurança; e a escrita, exatidão.

COMUNICAÇÃO ESCRITA

Hora de produzir um texto! Vá para a página 44 do **Caderno do Escritor**.

195

Tabelas de gramática

Alguns advérbios e algumas locuções adverbiais				
Tempo	Lugar	Modo	Negação	Intensidade
cedo, tarde, logo, antes, depois, agora, já, sempre, jamais, nunca, imediatamente, brevemente, diariamente, anualmente etc. **Locuções** à noite, à tarde, à tardinha, de dia, de manhã, em breve, pela manhã, hoje em dia etc.	perto, longe, acima, abaixo, adiante, cá, ali, aí, dentro, fora, além etc. **Locuções** à direita, à esquerda, a distância, ao lado, de dentro, de cima, de longe, de perto, em cima etc.	depressa, bem, mal, melhor, claramente, alegremente, tristemente etc. **Locuções** à toa, à vontade, ao contrário, ao léu, às avessas, às claras, às pressas etc.	não, absolutamente, tampouco etc. **Locuções** de forma alguma, de modo nenhum, em hipótese alguma etc.	bem, menos, pouco, tão, tanto, meio, quase, quão, todo, completamente etc. **Locuções** de muito, de pouco, de todo, em excesso, por completo etc.

Modelo da 1ª conjugação verbal – verbo CANTAR
Modo indicativo

Presente	Pretérito perfeito	Pretérito imperfeito	Pretérito mais-que-perfeito	Futuro do presente	Futuro do pretérito
canto	cantei	cantava	cantara	cantarei	cantaria
cantas	cantaste	cantavas	cantaras	cantarás	cantarias
canta	cantou	cantava	cantara	cantará	cantaria
cantamos	cantamos	cantávamos	cantáramos	cantaremos	cantaríamos
cantais	cantastes	cantáveis	cantáreis	cantareis	cantaríeis
cantam	cantaram	cantavam	cantaram	cantarão	cantariam

Modo subjuntivo

Presente	Pretérito imperfeito	Futuro simples
cante	cantasse	cantar
cantes	cantasses	cantares
cante	cantasse	cantar
cantemos	cantássemos	cantarmos
canteis	cantásseis	cantardes
cantem	cantassem	cantarem

Modo imperativo

Afirmativo	Negativo
_____	_____
canta (tu)	Não cantes (tu)
cante (você)	Não cante (você)
cantemos (nós)	Não cantemos (nós)
cantai (vós)	Não canteis (vós)
cantem (vocês)	Não cantem (vocês)

Modelo da 2ª conjugação verbal – verbo BEBER
Modo indicativo

Presente	Pretérito perfeito	Pretérito imperfeito	Pretérito mais-que-perfeito	Futuro do presente	Futuro do pretérito
bebo	bebi	bebia	bebera	beberei	beberia
bebes	bebeste	bebias	beberas	beberás	beberias
bebe	bebeu	bebia	bebera	beberá	beberia
bebemos	bebemos	bebíamos	bebêramos	beberemos	beberíamos
bebeis	bebestes	bebíeis	bebêreis	bebereis	beberíeis
bebem	beberam	bebiam	beberam	beberão	beberiam

Modo subjuntivo

Presente	Pretérito imperfeito	Futuro simples
beba	bebesse	beber
bebas	bebesses	beberes
beba	bebesse	beber
bebamos	bebêssemos	bebermos
bebais	bebêsseis	beberdes
bebam	bebessem	beberem

Modo imperativo

Afirmativo	Negativo
_____	_____
bebe (tu)	Não bebas (tu)
beba (você)	Não beba (você)
bebamos (nós)	Não bebamos (nós)
bebei (vós)	Não bebais (vós)
bebam (vocês)	Não bebam (vocês)

Modelo da 3ª conjugação verbal – verbo PARTIR
Modo indicativo

Presente	Pretérito perfeito	Pretérito imperfeito	Pretérito mais--que-perfeito	Futuro do presente	Futuro do pretérito
parto	parti	partia	partira	partirei	partiria
partes	partiste	partias	partiras	partirás	partirias
parte	partiu	partia	partira	partirá	partiria
partimos	partimos	partíamos	partíramos	partiremos	partiríamos
partis	partistes	partíeis	partíreis	partireis	partiríeis
partem	partiram	partiam	partiram	partirão	partiriam

Modo subjuntivo

Presente	Pretérito imperfeito	Futuro simples
parta	partisse	partir
partas	partisses	partires
parta	partisse	partir
partamos	partíssemos	partirmos
partais	partísseis	partirdes
partam	partissem	partirem

Modo imperativo

Afirmativo	Negativo
—	—
parte (tu)	Não partas (tu)
parta (você)	Não parta (você)
partamos (nós)	Não partamos (nós)
parti (vós)	Não partais (vós)
partam (vocês)	Não partam (vocês)

Conjugação dos verbos auxiliares – Modo indicativo
TER

Presente	Pretérito perfeito	Pretérito imperfeito	Pretérito mais--que-perfeito	Futuro do presente	Futuro do pretérito
tenho	tive	tinha	tivera	terei	teria
tens	tiveste	tinhas	tiveras	terás	terias
tem	teve	tinha	tivera	terá	teria
temos	tivemos	tínhamos	tivéramos	teremos	teríamos
tendes	tivestes	tínheis	tivéreis	tereis	teríeis
têm	tiveram	tinham	tiveram	terão	teriam

SER

Presente	Pretérito perfeito	Pretérito imperfeito	Pretérito mais-que-perfeito	Futuro do presente	Futuro do pretérito
sou	fui	era	fora	serei	seria
és	foste	eras	foras	serás	serias
é	foi	era	fora	será	seria
somos	fomos	éramos	fôramos	seremos	seríamos
sois	fostes	éreis	fôreis	sereis	seríeis
são	foram	eram	foram	serão	seriam

HAVER

Presente	Pretérito perfeito	Pretérito imperfeito	Pretérito mais-que-perfeito	Futuro do presente	Futuro do pretérito
hei	houve	havia	houvera	haverei	haveria
hás	houveste	havias	houveras	haverás	haverias
há	houve	havia	houvera	haverá	haveria
havemos	houvemos	havíamos	houvéramos	haveremos	haveríamos
haveis	houvestes	havíeis	houvéreis	havereis	haveríeis
hão	houveram	haviam	houveram	haverão	haveriam

ESTAR

Presente	Pretérito perfeito	Pretérito imperfeito	Pretérito mais-que-perfeito	Futuro do presente	Futuro do pretérito
estou	estive	estava	estivera	estarei	estaria
estás	estiveste	estavas	estiveras	estarás	estarias
está	esteve	estava	estivera	estará	estaria
estamos	estivemos	estávamos	estivéramos	estaremos	estaríamos
estais	estivestes	estáveis	estivéreis	estareis	estaríeis
estão	estiveram	estavam	estiveram	estarão	estariam

IR

Presente	Pretérito perfeito	Pretérito imperfeito	Pretérito mais-que-perfeito	Futuro do presente	Futuro do pretérito
vou	fui	ia	fora	irei	iria
vais	foste	ias	foras	irás	irias
vai	foi	ia	fora	irá	iria
vamos	fomos	íamos	fôramos	iremos	iríamos
ides	fostes	íeis	fôreis	ireis	iríeis
vão	foram	iam	foram	irão	iriam

Algumas conjunções e locuções conjuntivas

Ideia	Exemplos
Adição	e, nem, mas também, mas ainda
Oposição	mas, porém, todavia, contudo, entretanto, no entanto, não obstante
Alternativa	ou, ou... ou, ora... ora, quer... quer, já... já, seja... seja, talvez... talvez, umas vezes... outras vezes
Conclusão	logo, pois (depois de verbo), portanto, assim, por isso, por conseguinte, em vista disso
Explicação	pois (antes de verbo), porque, porquanto, que
Tempo	quando, logo que, depois que, antes que, sempre que, desde que, até que, assim que, enquanto, mal
Condição	se, salvo se, caso, contanto que, exceto se, desde que (com verbo no subjuntivo), a menos que, a não ser que
Consequência	tão... que, tanto que, tamanho que, tal que, de sorte que, de modo que, de maneira que, de forma que, sem que, senão
Causa	porque, que, porquanto, pois, visto que, já que, uma vez que
Finalidade	para que, a fim de que
Comparação	como, mais... (do) que, menos... (do) que, maior... (do) que, menor... (do) que, melhor... (do) que, pior... (do) que, tal qual, tal como, tão... como, tão... quanto, tanto... como, tanto... quanto, assim como

BURITI Plus
PORTUGUÊS 5

CADERNO DO ESCRITOR
COMUNICAÇÃO ESCRITA

Organizadora: Editora Moderna
Obra coletiva concebida, desenvolvida e produzida pela Editora Moderna.

Editora Executiva:
Marisa Martins Sanchez

NOME: ....
....TURMA: ....
ESCOLA: ....
....

1ª edição

MODERNA

Editora Moderna © 2018

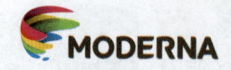

Elaboração dos originais

Marisa Martins Sanchez
Licenciada em Letras pelas Faculdades São Judas Tadeu. Professora de Português em escolas públicas e particulares de São Paulo por 11 anos. Editora.

Acáccio João Conceição da Silva
Bacharel em Comunicação Social pela Universidade Católica de Santos. Editor.

Mary Cristina Pereira da Silva
Bacharel em Comunicação Social pela Universidade de Mogi das Cruzes. Licenciada em Letras pela Universidade Guarulhos. Pós-graduada em Língua Portuguesa pela Pontifícia Universidade Católica de São Paulo. Jornalista e editora.

Sueli Campopiano
Bacharel em Ciências Sociais pela Universidade de São Paulo. Editora.

Coordenação editorial: Sueli Campopiano
Edição de texto: Acáccio Silva, Mary Cristina Pereira da Silva, Sueli Campopiano
Assistência editorial: Magda Reis
Gerência de *design* e produção gráfica: Everson de Paula
Coordenação de produção: Patricia Costa
Suporte administrativo editorial: Maria de Lourdes Rodrigues
Coordenação de *design* e projetos visuais: Marta Cerqueira Leite
Projeto gráfico: Daniel Messias, Daniela Sato, Mariza de Souza Porto
Capa: Daniel Messias, Otávio dos Santos, Mariza de Souza Porto, Cristiane Calegaro
Ilustração: Raul Aguiar
Coordenação de arte: Wilson Gazzoni Agostinho
Edição de arte: Daiane Alves Ramos, Regiane Santana
Editoração eletrônica: MRS Editorial
Coordenação de revisão: Elaine C. del Nero
Revisão: Andrea Vidal, Fernanda Guerriero
Coordenação de pesquisa iconográfica: Luciano Baneza Gabarron
Pesquisa iconográfica: Mariana Veloso
Coordenação de *bureau*: Rubens M. Rodrigues
Tratamento de imagens: Fernando Bertolo, Joel Aparecido, Luiz Carlos Costa, Marina M. Buzzinaro
Pré-impressão: Alexandre Petreca, Everton L. de Oliveira, Marcio H. Kamoto, Vitória Sousa
Coordenação de produção industrial: Wendell Monteiro
Impressão e acabamento: HRosa Gráfica e Editora
Lote: 756348
Cod: 12113193

Dados Internacionais de Catalogação na Publicação (CIP)
(Câmara Brasileira do Livro, SP, Brasil)

Buriti plus português / organizadora Editora Moderna ; obra coletiva concebida, desenvolvida e produzida pela Editora Moderna. — 1. ed. — São Paulo : Moderna, 2018. (Projeto Buriti)

Obra em 5 v. para alunos do 1º ao 5º ano.

1. Português (Ensino fundamental)

18-16393   CDD-372.6

Índices para catálogo sistemático:

1. Português : Ensino fundamental 372.6

Maria Alice Ferreira – Bibliotecária – CRB-8/7964

ISBN 978-85-16-11319-3 (LA)
ISBN 978-85-16-11320-9 (GR)

Reprodução proibida. Art. 184 do Código Penal e Lei 9.610 de 19 de fevereiro de 1998.
Todos os direitos reservados
EDITORA MODERNA LTDA.
Rua Padre Adelino, 758 – Belenzinho
São Paulo – SP – Brasil – CEP 03303-904
Vendas e Atendimento: Tel. (0_ _11) 2602-5510
Fax (0_ _11) 2790-1501
www.moderna.com.br
2022
Impresso no Brasil

1 3 5 7 9 10 8 6 4 2

Este *Caderno do Escritor* compõe seu material de estudos em conjunto com o livro *Buriti Plus Português 5*.

Nele ficarão registrados, de modo organizado, os textos que você produzir ao longo do 5º ano. É claro que você vai escrever outros pequenos textos indicados no livro ou solicitados pelo professor. Mas neste *Caderno* ficarão as produções maiores, da seção "Comunicação escrita", que aplicam o que foi estudado em cada unidade do livro, seguindo algumas etapas.

Assim, você, seu professor e sua família poderão acompanhar seu progresso como escritor.

Capriche nas ideias e na letra!

Os editores

Tantas palavras

Reservamos também um espaço para você registrar as palavras que pesquisou no dicionário após a leitura dos textos. Sempre que estiver produzindo um texto, consulte suas anotações e tente utilizar algumas dessas palavras.

Conheça seu caderno

Nestas fichas, você registra o **significado das palavras** que pesquisou no dicionário. Depois, pode usá-las em suas novas produções.

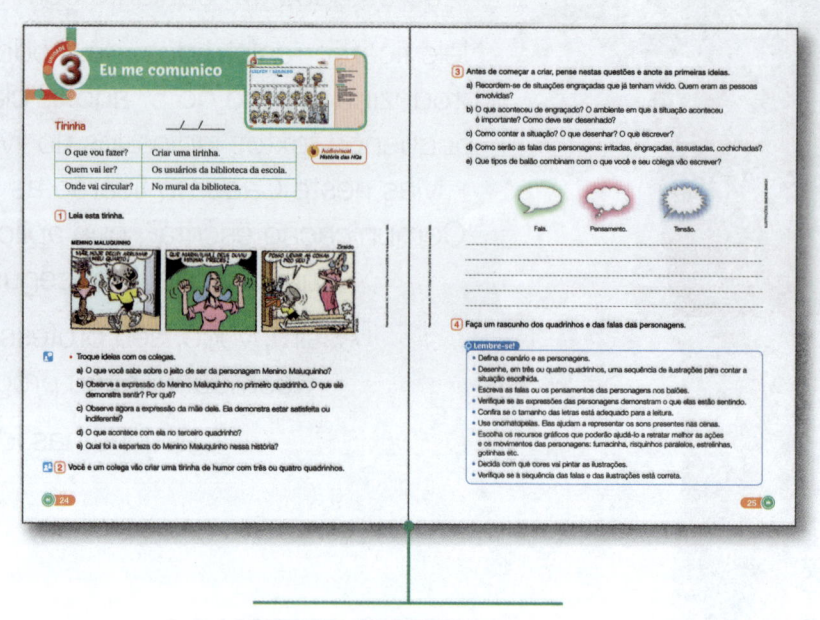

Nestas páginas, estão as **orientações** para sua produção.

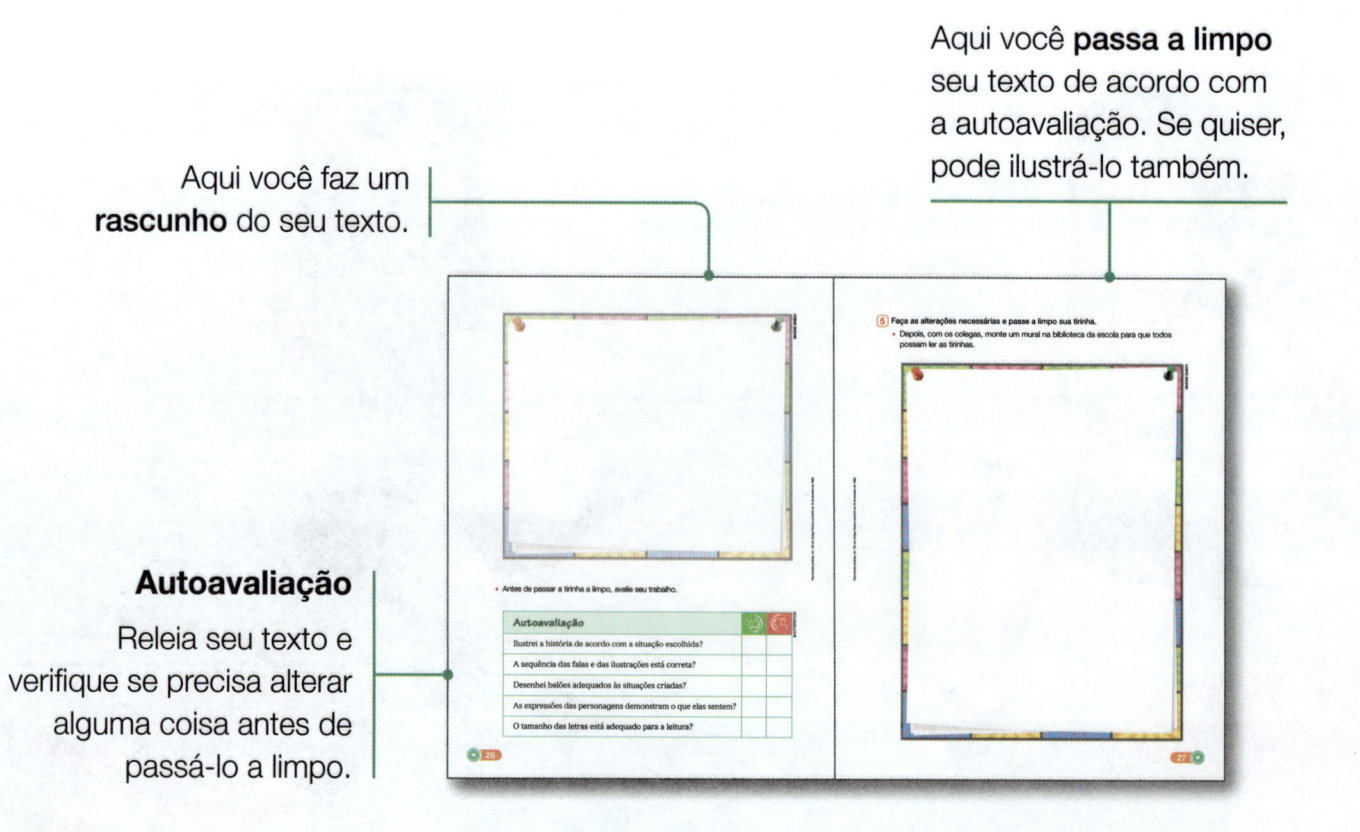

Aqui você **passa a limpo** seu texto de acordo com a autoavaliação. Se quiser, pode ilustrá-lo também.

Aqui você faz um **rascunho** do seu texto.

Autoavaliação
Releia seu texto e verifique se precisa alterar alguma coisa antes de passá-lo a limpo.

Sumário

Tantas palavras 6

Minhas produções 15

Tantas palavras

Tantas palavras

Tantas palavras

Tantas palavras

Tantas palavras

Tantas palavras

Tantas palavras

Tantas palavras

Tantas palavras

Minhas produções

Sumário

UNIDADE 1 **Eu me divirto** 16
Crônica

Título: _____

UNIDADE 2 **Eu entro em cena** 20
Resenha crítica

Título: _____

UNIDADE 3 **Eu me comunico** 24
Tirinha

Título: _____

UNIDADE 4 **Eu quero ser...** 28
Entrevista

Título: _____

UNIDADE 5 **Eu vou às compras** 32
Artigo de opinião

Título: _____

UNIDADE 6 **Eu busco pistas** 36
Exposição de pesquisa

Título: _____

UNIDADE 7 **Eu faço a diferença** 40
Exposição com orientação

Título: _____

UNIDADE 8 **Eu defendo uma opinião** 44
Apólogo

Título: _____

UNIDADE 1 — Eu me divirto

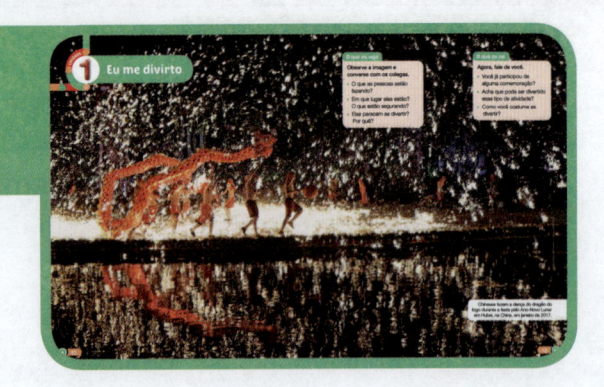

Crônica ___/___/___

O que vou fazer?	Reescrever uma crônica.
Quem vai ler?	Os alunos do 5º ano.
Onde vai circular?	Numa coletânea de crônicas.

1 Leia este trecho de uma crônica.

O amor de Tumitinha era pouco e se acabou

Você também deve ter alguma palavra que aprendeu na infância, achava que tinha um certo significado e aquilo ficou impregnado na sua cabeça para sempre. Só anos depois veio a descobrir que a palavra não era bem aquela e nem significava aquilo. Um exemplo clássico é a frase […] HOJE É DOMINGO, PÉ DE CACHIMBO. Na verdade não é Pé de Cachimbo, mas sim PEDE (do verbo pedir) cachimbo. Ou seja, pede paz, tranquilidade, moleza […]. E a gente sempre a imaginar um pé de cachimbo no quintal, todo florido, com cachimbos pendurados, soltando fumaça. E, assim, existem várias palavras. Por exemplo: […]

TUMITINHA – Todo mundo conhece a música "Ciranda, Cirandinha". Uma amiga minha me confessou que, durante anos e anos, entendia um verso completamente diferente. Quando a letra fala "o amor que tu me tinhas era pouco e se acabou", ela achava que era "o amor de Tumitinha era pouco e se acabou". Tumitinha era um menino, coitado. Ficava com dó do Tumitinha toda vez que cantava a música, porque o amor dele tinha se acabado. E mais, achava que o Tumitinha era um japonesinho. Devia se chamar, na verdade, Tumita. Quando ela descobriu que o Tumitinha não existia, sofreu muito. Faz análise até hoje.

[…]

Mario Prata. *100 crônicas*. São Paulo: Cartaz, 1997.

- Troque ideias com os colegas e anote as primeiras ideias.

    a) Qual é o assunto da crônica?

    b) Você já conhecia a parlenda *Hoje é domingo*... citada pelo autor? Ficou surpreso com a explicação dele sobre o "pé de cachimbo"?

    c) Na sua opinião, por que acontecem confusões como essa?

    d) Você também já entendeu mal alguma palavra ou expressão?

2) Você e um colega vão reescrever essa crônica.

3) Antes de começar, pense nestas questões e anote as primeiras ideias.

    a) Que partes do texto você gostaria de modificar e que partes você manteria como estão?

    b) Que exemplos de mal-entendidos com palavras ou expressões você usaria: reais ou fictícios?

4) Faça primeiro um rascunho de sua crônica.

Lembre-se!

- Decida que partes do texto você gostaria de manter sem alterações.
- Escolha uma palavra ou expressão que tenha gerado confusão.
- Decida se você contará casos reais ou imaginários.
- Escreva a crônica com uma linguagem leve e bem-humorada.
- Escreva o desfecho da crônica incluindo algo inesperado pelo leitor.
- Dê um título novo para sua crônica.

- Antes de passar o texto a limpo, avalie seu trabalho.

Autoavaliação	👍	👎
Mantive partes da crônica original inalteradas?		
Contei um caso de mal-entendido de uma palavra ou expressão?		
Elaborei um desfecho inesperado para a crônica?		
Dei um título novo para o texto?		

5 Faça as alterações necessárias e passe a limpo sua crônica.

Com o professor e os colegas, organize a coletânea de crônicas da classe.

UNIDADE 2 — Eu entro em cena

Resenha crítica   ___/___/_____

O que vou escrever?	Uma resenha de livro.
Quem vai ler?	Os alunos da escola.
Onde vai circular?	Numa exposição no pátio da escola.

1 Leia com atenção a resenha de dois livros.

Vencedora do Nobel da literatura infantojuvenil lança dois livros no Brasil

Concentração de renda, ativismo social, migração em busca de melhores condições de vida. Tudo isso contado para crianças de uma maneira leve e poética, quase como um conto de fadas. Assim é *O país de João*, livro que acabou de ser lançado pela argentina María Teresa Andruetto no Brasil.

É como se a escritora, que venceu o prêmio Hans Christian Andersen em 2012 (considerado o prêmio Nobel da literatura infantojuvenil), olhasse a cada página para o leitor e perguntasse: "Quem disse que papo sério não pode ter versão infantil?". [...]

O segundo livro de Andruetto, *O anel encantado*, também lançado por aqui pela editora Global, é um compilado de sete contos de fadas — um gênero que a escritora mostra estar longe de morrer.

Lançando mão de elementos clássicos desse tipo de histórias, como membros da nobreza e objetos mágicos, a autora argentina leva ao leitor uma princesa presa em uma torre de Bagdá, uma jovem misteriosa que não tira uma fita do pescoço e um monarca que precisa encontrar o homem mais feliz de seu reino, por exemplo. [...]

Bruno Molinero. Disponível em: <http://mod.lk/nobel>.
Acesso em: 20 abr. 2018.

- Troque ideias com os colegas.

    a) A resenha sugere que os livros são bons ou ruins? Explique.

    b) Você ficou interessado em ler os livros?

2. Você e um colega vão escrever a resenha de um livro que os dois tenham lido e do qual tenham gostado.

3. Antes de começar a escrever, pense nestas questões e anote as primeiras ideias.

    a) Sobre qual livro você e seu colega vão escrever?

    b) Quem é o autor do livro? Quando foi publicado?

    c) Qual é o assunto principal da obra?

    d) Que partes da história chamaram mais sua atenção e a de seu colega?

    e) Você indicaria a leitura desse livro a alguém? Por quê?

_____
_____
_____
_____
_____
_____
_____
_____

4. Faça primeiro um rascunho de sua resenha.

> **Lembre-se!**
> - Converse com seu colega para que vocês possam se lembrar de toda a história.
> - Faça uma lista com as partes do livro que mais chamaram a atenção de vocês.
> - Informe o nome do livro, do autor e quando o livro foi publicado.
> - Faça um breve resumo do livro. Apresente as personagens principais e os fatos que despertem o interesse do leitor da resenha sem contar o fim da história!
> - Encerre a resenha com sua opinião sobre o livro.
> - Use pronomes para evitar repetições.

- Antes de passar o texto a limpo, avalie seu trabalho.

Autoavaliação	👍	👎
Dei um título para a resenha?		
Escrevi o nome do autor do livro e a data em que foi publicado?		
Fiz um breve resumo do livro sem contar o final?		
Dei minha opinião sobre o livro?		
Usei pronomes para evitar repetições de palavras?		

5 Faça as alterações necessárias e passe a limpo sua resenha.

> As resenhas serão expostas no pátio da escola como sugestão de leitura para os colegas.

UNIDADE 3

Eu me comunico

Tirinha   ___/___/_____

O que vou fazer?	Criar uma tirinha.
Quem vai ler?	Os usuários da biblioteca da escola.
Onde vai circular?	No mural da biblioteca.

Audiovisual
História das HQs

1 Leia esta tirinha.

MENINO MALUQUINHO

Ziraldo

— Mãe, hoje decidi arrumar meu quarto!
— Que maravilha! Deus ouviu minhas preces!
— Posso levar as coisas pro seu?

- Troque ideias com os colegas.

    a) O que você sabe sobre o jeito de ser da personagem Menino Maluquinho?

    b) Observe a expressão do Menino Maluquinho no primeiro quadrinho. O que ele demonstra sentir? Por quê?

    c) Observe agora a expressão da mãe dele. Ela demonstra estar satisfeita ou indiferente?

    d) O que acontece com ela no terceiro quadrinho?

    e) Qual foi a esperteza do Menino Maluquinho nessa história?

2 Você e um colega vão criar uma tirinha de humor com três ou quatro quadrinhos.

3 Antes de começar a criar, pense nestas questões e anote as primeiras ideias.

a) Recordem-se de situações engraçadas que já tenham vivido. Quem eram as pessoas envolvidas?

b) O que aconteceu de engraçado? O ambiente em que a situação aconteceu é importante? Como deve ser desenhado?

c) Como contar a situação? O que desenhar? O que escrever?

d) Como serão as falas das personagens: irritadas, engraçadas, assustadas, cochichadas?

e) Que tipos de balão combinam com o que você e seu colega vão escrever?

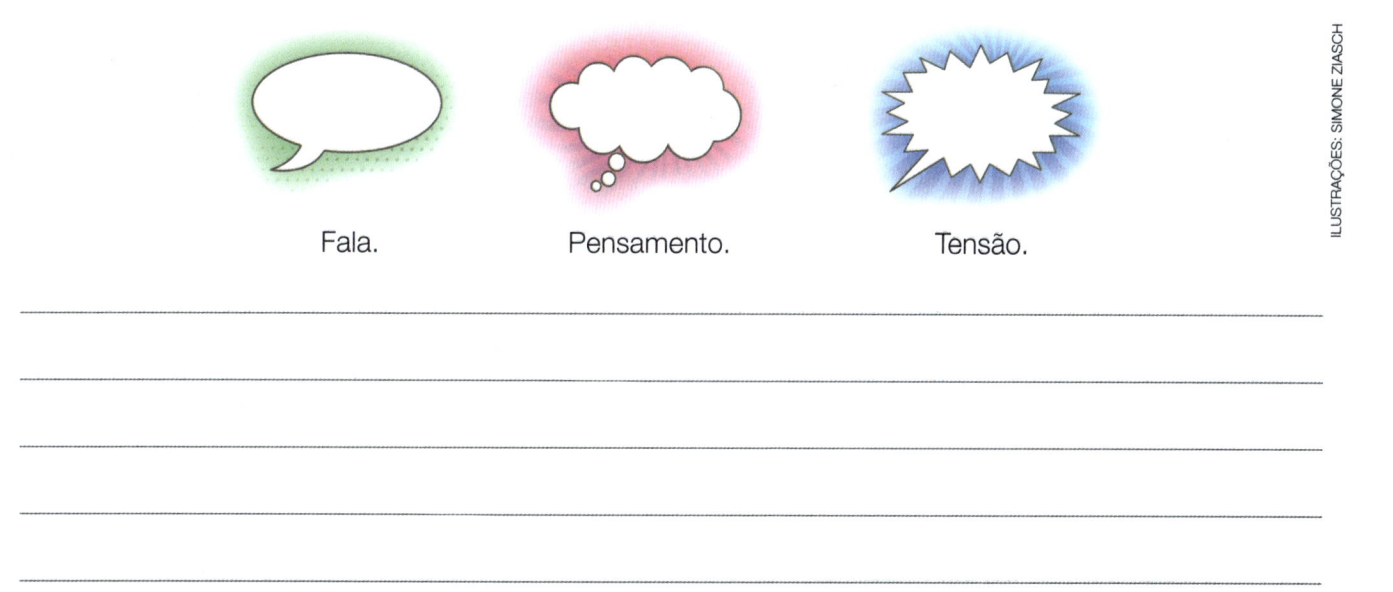

Fala.   Pensamento.   Tensão.

_____
_____
_____
_____
_____

4 Faça um rascunho dos quadrinhos e das falas das personagens.

Lembre-se!

- Defina o cenário e as personagens.
- Desenhe, em três ou quatro quadrinhos, uma sequência de ilustrações para contar a situação escolhida.
- Escreva as falas ou os pensamentos das personagens nos balões.
- Verifique se as expressões das personagens demonstram o que elas estão sentindo.
- Confira se o tamanho das letras está adequado para a leitura.
- Use onomatopeias. Elas ajudam a representar os sons presentes nas cenas.
- Escolha os recursos gráficos que poderão ajudá-lo a retratar melhor as ações e os movimentos das personagens: fumacinha, risquinhos paralelos, estrelinhas, gotinhas etc.
- Decida com que cores vai pintar as ilustrações.
- Verifique se a sequência das falas e das ilustrações está correta.

- Antes de passar a tirinha a limpo, avalie seu trabalho.

Autoavaliação	👍	👎
Ilustrei a história de acordo com a situação escolhida?		
A sequência das falas e das ilustrações está correta?		
Desenhei balões adequados às situações criadas?		
As expressões das personagens demonstram o que elas sentem?		
O tamanho das letras está adequado para a leitura?		

5 Faça as alterações necessárias e passe a limpo sua tirinha.

- Depois, com os colegas, monte um mural na biblioteca da escola para que todos possam ler as tirinhas.

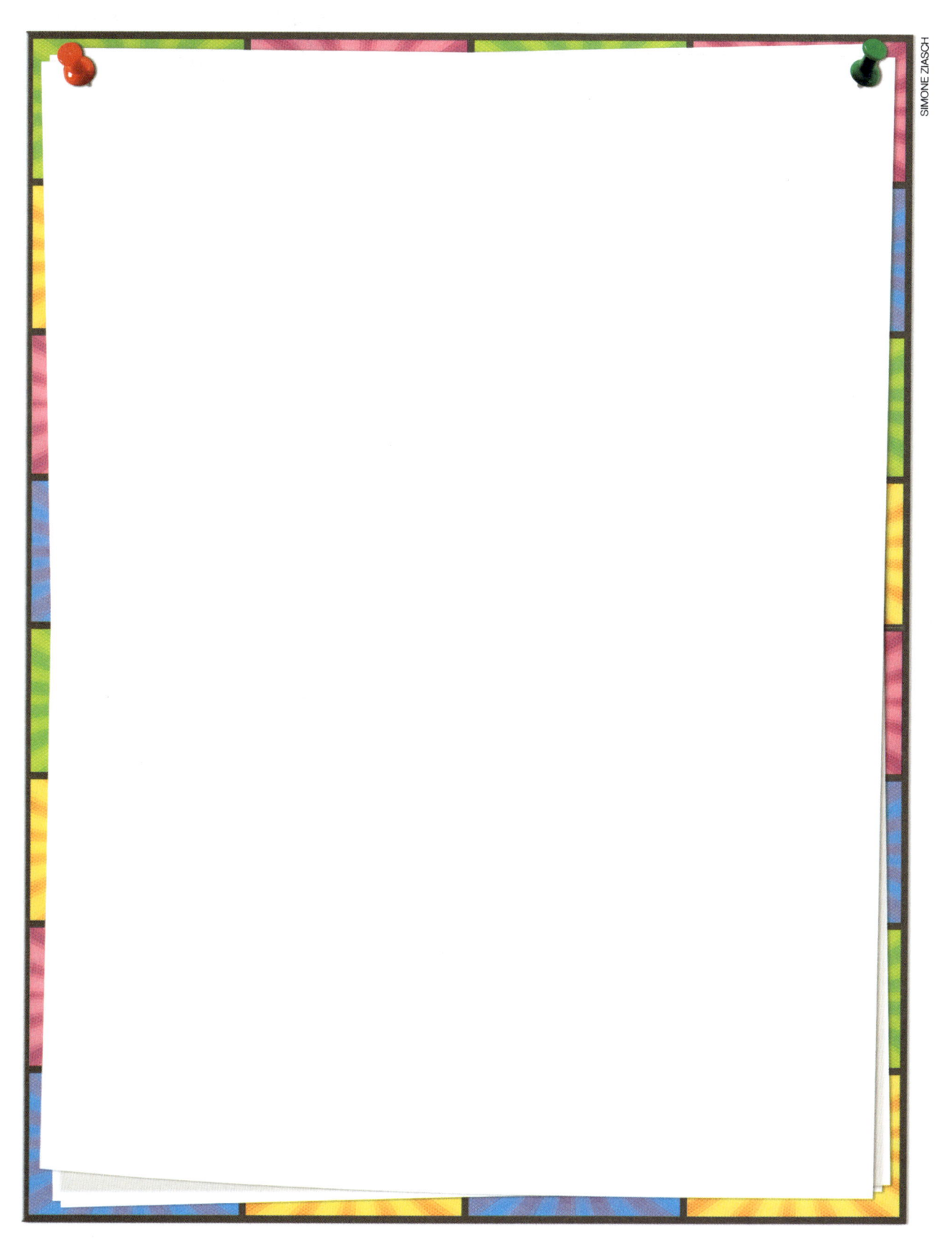

UNIDADE 4

Eu quero ser...

Entrevista ___/___/_____

O que vou escrever?	Uma entrevista.
Quem vai ler?	Os colegas da classe.
Onde vai circular?	Na sala de aula.

1 Leia esta entrevista que a dubladora Monalisa Delgado deu ao jornal *Joca*.

http://mod.lk/profdub

Profissão: dublador

Por que você decidiu virar dubladora?

Desde pequena queria fazer as vozes dos desenhos animados e, na época, me falaram que precisava ter diploma de ator. Como eu não tinha, acabei desistindo. Comecei, então, aos 15 anos, a fazer teatro. [...]

Por que em dublagem, muitas vezes, mulheres dublam homens ou homens dublam mulheres? No desenho da Turma da Mônica, por exemplo, o Cebolinha é dublado por uma mulher.

Mulher tem a voz mais leve e algumas conseguem fazer meninos. Além disso, um ator pode fazer, em um mesmo filme, um adulto e uma criança. Nós podemos ter 3 dobras [personagens] por trabalho.

Qual é a parte mais difícil de dublar um personagem?

O *sinc*, que é colocar a fala na boca da personagem. Tudo tem que ser feito muito rápido. Você tem no máximo três ensaios. Tem que olhar o texto no papel e ao mesmo tempo olhar o filme — e tem que ser rápido. Temos que gravar até 20 anéis, que são pequenos trechos de filme, em uma hora.

Qual é a parte mais legal de ser dubladora?

É poder fazer vários personagens. No teatro ou na televisão, por exemplo, você fica limitado ao seu tipo (homem, mulher, jovem, idoso...). Na dublagem você pode fazer vários tipos de pessoas diferentes. [...]

Disponível em: *Jornal Joca* <http://mod.lk/profdub>. Acesso em: 15 maio 2018.

- Troque ideias com os colegas.

    a) O que motivou Monalisa a escolher essa carreira profissional?

    b) Qual é o maior desafio que ela enfrenta nessa profissão?

    c) O que mais a agrada nessa profissão?

2) Você vai entrevistar uma pessoa para saber como é a sua profissão.

3) Procure obter estas informações:

    a) Em que a pessoa trabalha.

    b) O que a motivou a seguir essa profissão.

    c) Como é o trabalho que ela realiza.

    d) Quais são os desafios da profissão.

    e) Do que ela mais gosta nesse trabalho.

4) Pense nas perguntas que você vai fazer e anote-as aqui.

- Elabore um roteiro com perguntas curtas e objetivas.

_____
_____
_____
_____
_____
_____
_____
_____
_____

5) Após realizar a entrevista, faça um rascunho anotando as perguntas e as respostas.

Lembre-se!
- Escreva uma pequena apresentação do entrevistado para situar o leitor.
- Ao transcrever a entrevista, evite repetições que são comuns na fala.
- Dê um título para sua entrevista.

- Antes de passar a entrevista a limpo, avalie seu trabalho.

Autoavaliação	👍	👎
Apresentei o entrevistado e sua experiência profissional?		
Segui o roteiro de perguntas durante a entrevista?		
Evitei no texto as repetições de palavras comuns na fala?		
Dei um título interessante à entrevista?		

6 Faça as alterações necessárias e passe a limpo a entrevista.

UNIDADE 5

Eu vou às compras

Artigo de opinião   ___/___/_____

O que vou escrever?	Um artigo de opinião.
Quem vai ler?	Os colegas da classe.
Onde vai circular?	Na classe.

1 Leia este artigo de opinião.

http://mod.lk/artieti

Publicidade dirigida às crianças não combina com uma sociedade ética

Pedro Affonso D. Hartung

[...]

A restrição do direcionamento da publicidade ao público menor de 12 anos de idade deveria, na verdade, ter sido posta em prática na data da promulgação da Magna Carta de 1988 e de seu internacionalmente admirado artigo 227. A Resolução 163 do Conanda só nos fez lembrar disso.

Ocorre que as empresas que abusam da vulnerabilidade infantil e realizam cotidianamente publicidades às crianças optaram por ignorar a existência da legislação protetiva e continuaram até os dias de hoje com sua ilegal, injusta e antiética prática de persuasão e sedução das crianças para o consumo. Como se acima da lei estivessem, resolveram engrossar o coro daqueles que não se constrangem moralmente e fazem com que as normas jurídicas no Brasil "não peguem". [...]

Essa simples, mas fundamental mudança, tornará a relação comercial entre anunciantes e consumidores mais justa, equilibrada e potencialmente mais rentável, pois a publicidade será finalmente feita para os devidos responsáveis e os verdadeiros detentores do poder de decisão e de compra em uma família. [...]

Disponível em: Jornal *El País* <http://mod.lk/artieti>.
Acesso em: 15 maio 2018.

- Troque ideias com os colegas.

   a) Qual é o assunto discutido no artigo?

   b) Qual é a opinião do autor sobre o assunto?

   c) Que argumento ele usa para defender essa opinião?

   d) O autor apresenta alguma solução para a questão? Qual?

2 Você vai escrever um artigo de opinião. Nele você vai defender suas ideias sustentando-as com argumentos.

3 Antes de começar a escrever, pense nestas questões e anote as primeiras ideias.

   a) Qual é a sua opinião sobre a propaganda infantil?

   b) O que você pensa a respeito de anunciantes que querem convencer as crianças a consumir determinados alimentos ou brinquedos?

   c) Qual é a linguagem adequada a esse tipo de texto e ao público leitor?

_____
_____
_____
_____
_____
_____
_____
_____
_____
_____

4 Faça um rascunho de seu texto.

> **Lembre-se!**
> - Crie um título que desperte o interesse e a curiosidade do leitor.
> - Escreva um parágrafo inicial expressando a ideia principal que você vai defender.
> - Apresente seus argumentos.
> - Conclua o texto retomando o que foi exposto ou confirmando a ideia principal.

- Antes de passar o texto a limpo, avalie seu trabalho.

Autoavaliação		
Escrevi meu artigo de opinião de maneira objetiva?		
Apresentei os argumentos?		
Dei um título que desperta o interesse do leitor?		

5 Faça as alterações necessárias e passe a limpo seu artigo de opinião.

UNIDADE 6 — Eu busco pistas

Exposição de pesquisa ___/___/_____

O que vou escrever?	Um texto expositivo fundamentado em pesquisa.
Quem vai ler?	Os alunos e os funcionários da escola.
Onde vai circular?	Em um mural da escola.

1 Leia com atenção o resultado de uma pesquisa sobre o uso da internet.

Pesquisa: 80% da população brasileira entre 9 e 17 anos usam a internet

Cresceu a frequência de acessos entre as crianças e adolescentes que usam a internet, segundo a pesquisa TIC Kids, divulgada hoje (10). O levantamento indica que 80% da população brasileira entre 9 e 17 anos utilizam a rede. Entre esses, o percentual dos que se conectam mais de uma vez por dia subiu de 21%, no estudo referente a 2014, para 66% no atual, com dados coletados em 2015. [...] O trabalho foi realizado pelo Comitê Gestor da Internet no Brasil (CGI.br), através do Centro Regional de Estudos para o Desenvolvimento da Sociedade da Informação (Cetic.br).

Fonte: <http://mod.lk/pesquebc>. Acesso em: 14 maio 2018.

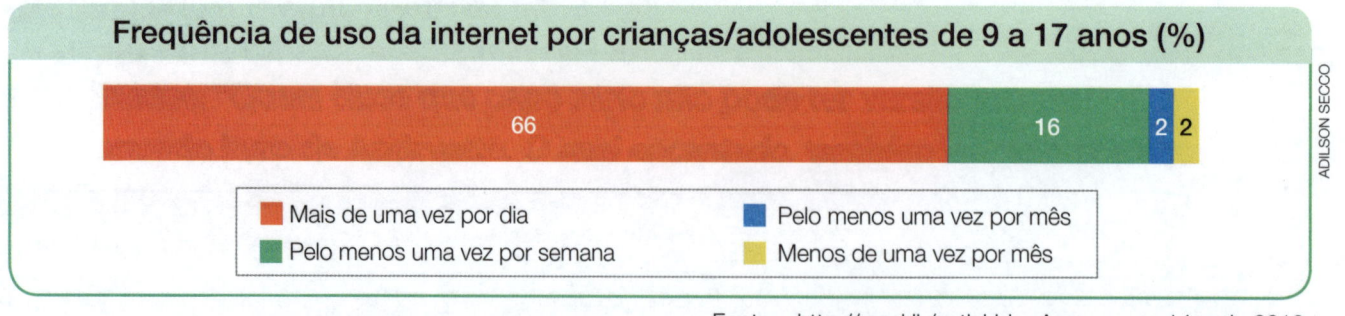

Frequência de uso da internet por crianças/adolescentes de 9 a 17 anos (%)

66 | 16 | 2 | 2

- Mais de uma vez por dia
- Pelo menos uma vez por semana
- Pelo menos uma vez por mês
- Menos de uma vez por mês

ADILSON SECCO

Fonte: <http://mod.lk/cetickid>. Acesso em: 14 maio 2018.

- Troque ideias com os colegas.

    a) Qual é o tema do texto?

    b) Que informação do gráfico está presente no texto?

    c) Qual é a função do gráfico?

2 Com base no gráfico abaixo, você vai escrever um texto expositivo de pesquisa sobre o tipo de equipamento utilizado por crianças e adolescentes para acessar a internet.

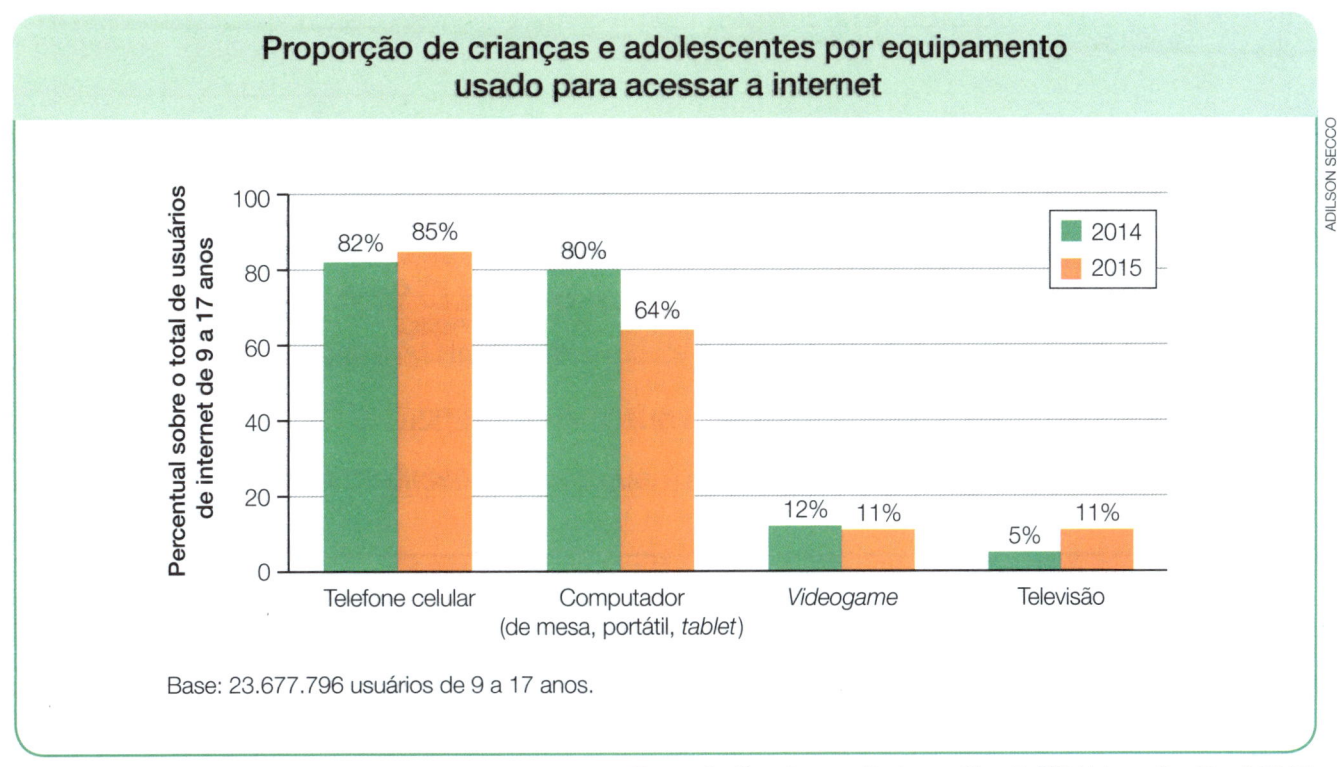

Proporção de crianças e adolescentes por equipamento usado para acessar a internet

Percentual sobre o total de usuários de internet de 9 a 17 anos

- Telefone celular: 82% (2014), 85% (2015)
- Computador (de mesa, portátil, tablet): 80% (2014), 64% (2015)
- Videogame: 12% (2014), 11% (2015)
- Televisão: 5% (2014), 11% (2015)

Base: 23.677.796 usuários de 9 a 17 anos.

Fonte: Análise dos resultados: gráfico 5. *TIC kids on-line Brasil 2015*. São Paulo: Comitê Gestor da Internet no Brasil, 2016. p. 163.

3 Antes de começar a escrever, pense nestas questões.

a) O que representam os números que aparecem na vertical, à esquerda do gráfico?

b) E os que aparecem acima das barras?

c) Como está representado cada ano?

d) Qual foi o equipamento mais usado em 2015? E os menos usados?

e) Qual foi o número de usuários de internet com idades entre 9 e 17 anos considerado como base da pesquisa?

4 Faça primeiro um rascunho de seu texto.

> **Lembre-se!**
> - Reúna as informações do gráfico e as fornecidas pelo professor.
> - Descreva as mudanças ocorridas de um ano para o outro.
> - Tenha atenção ao uso da crase e à grafia das palavras.

- Antes de passar o texto a limpo, avalie seu trabalho.

Autoavaliação		
Relacionei as informações do gráfico com o texto?		
Descrevi as mudanças no resultado de um ano para o outro?		
Escrevi corretamente as palavras?		

5 Faça as alterações necessárias e passe a limpo seu texto.

Exponha seu texto no mural da escola.

UNIDADE 7 — Eu faço a diferença

Exposição com orientação ___/___/_____

O que vou escrever?	Um texto expositivo com orientações.
Quem vai ler?	Os colegas da escola.
Onde vai circular?	Na escola.

1 Leia.

Sirene! Alarme! Sirene! Alarme! Precisamos de socorro! Nossas praias estão com problemas. Há lixo no oceano. Há detritos na praia.

[...]

Mas o que uma criança pode fazer? [...]

Não jogue na praia nenhum tipo de refugo.

Quando for à praia, leve consigo uma bolsa de lixo grande. Tente enchê-la com refugos, feche-a muito bem e depois jogue em uma lata de lixo. (Se não houver uma lata de lixo na praia, leve a bolsa para casa.)

Se achar garrafas ou latas de alumínio na praia, leve-as para casa, a fim de reciclá-las.

Depois de pescar, nunca, jamais, jogue fora a linha de pesca na água. Os pássaros e as criaturas marinhas podem ficar presos nela e morrer.

The EarthWorks Group. Tradução de Reynaldo Guarany.
50 coisas simples que as crianças podem fazer para salvar a Terra.
Rio de Janeiro: José Olympio, 2010.

- Troque ideias com os colegas.

    a) Você já foi à praia? Viu lixo espalhado na areia ou no mar?

    b) Você acredita que as crianças podem colaborar com a manutenção ou restauração das praias brasileiras?

    c) As orientações do texto são fáceis de seguir? Você acrescentaria algo?

2 Você vai escrever um texto enumerando três problemas da escola, com orientações para melhorar essa situação.

3 Depois, a classe escolhe os pontos mais importantes para reuni-los numa agenda de compromisso de toda a comunidade.

4 Antes de começar a escrever, pense nestas questões e anote as primeiras ideias.

a) Como é minha escola? Os ambientes são limpos, organizados, seguros, ecológicos?

b) Como é a acessibilidade na escola?

c) O que pode ser feito para tornar o espaço escolar mais saudável?

d) Que tipo de linguagem você usará no texto: formal ou informal?

e) Será necessário usar imagens para deixar o texto mais claro?

_____
_____
_____
_____
_____
_____
_____
_____
_____
_____
_____
_____

5 Faça primeiro um rascunho de seu texto.

> **Lembre-se!**
> - Comece o texto enumerando os principais problemas da escola.
> - Escreva as orientações para melhorar essa situação.
> - Faça propostas que você e seus colegas possam realizar.
> - Decida se a linguagem será formal ou informal.
> - Use verbos como: faça, leve, jogue, organize, arrume etc.

- Antes de passar o texto a limpo, avalie seu trabalho.

Autoavaliação	👍	👎
Mostrei ao leitor a situação que precisa ser reparada?		
Apresentei propostas práticas?		
Usei a linguagem adequada?		
Usei os verbos sugeridos?		

6 Faça as alterações necessárias e passe a limpo seu texto.

Guarde seu texto, pois ele poderá ser usado numa agenda de compromisso de melhoria do ambiente escolar.

UNIDADE 8

Eu defendo uma opinião

Apólogo ___/___/_____

O que vou escrever?	Um apólogo.
Quem vai ler?	Os alunos do 6º ano.
Onde vai circular?	Na classe do 6º ano.

1 Leia o começo de um apólogo.

Após o café da tarde, sobre a mesa da varanda, a Xícara disse para o velho Bule:
— Ah... eu sou a mais bela peça da copa!
Ao que respondeu o Bule:
— Tu? Ora essa!
— Sim! Sou a mais bela peça, e a mais importante também! — retrucou a Xícara indignada.
— É mesmo? — perguntou o Bule, com ironia.
— Podes rir, bule velho! — disse a Xícara, fechando a cara.
— Ora, não me leve a mal. Tu sabes que eu gosto muito de ti — disse amigavelmente o Bule cheio de chá.
Mas dona Xícara, ignorando o senhor Bule, continuou a discorrer amorosamente sobre as suas qualidades admiráveis:
— Pois então. É a mim que os senhores levam à boca, todos os dias, e me cobrem de beijos enquanto bebem o chá. Sou feita de porcelana delicada, com belas florzinhas pintadas de dourado, que refletem a luz e brilham como num sonho. Não é qualquer um da casa que pode me tocar. [...]

Eduardo Cândido. *A Xícara e o Bule: um apólogo*. Disponível em: <http://mod.lk/aplogo>. Acesso em: 4 jun. 2018.

- Troque ideias com os colegas.

    a) A Xícara vai mudar de comportamento?

    b) E o Bule, como agirá?

44

2 Você e um colega terminarão de escrever esse apólogo. Lembre-se de que a história deve apresentar um ensinamento moral.

3 Antes de começar a escrever, pense nestas questões e anote as primeiras ideias.

a) O que o Bule vai dizer sobre as "qualidades admiráveis" da Xícara?

b) O Bule também vai apresentar as qualidades dele? Quais serão elas? Lembre-se de que no diálogo o Bule e a Xícara devem apresentar argumentos que defendam suas opiniões.

c) E se surgir um gato desastrado nessa história? Ou um bando de crianças correndo? O que pode acontecer? Pense em algum acontecimento que possa mudar o rumo dessa história.

d) Todo apólogo tem um ensinamento moral. Qual será o dessa história? Uma lição de humildade? De amizade? Um conselho? Como você vai fazer para deixá-lo claro? Ele pode ser resumido em uma única frase? O ensinamento moral estará em algo dito por alguma das personagens ou será introduzido pelo narrador da história?

_____
_____
_____
_____
_____
_____
_____
_____

4 Faça primeiro um rascunho de seu texto.

> **Lembre-se!**
> - Continue a história a partir do trecho dado.
> - Continue os diálogos com os argumentos de cada personagem.
> - Lembre-se de usar a pontuação do diálogo e de fazer a concordância adequada entre os elementos da frase.
> - Apresente o novo evento como você planejou.
> - Crie os momentos necessários para o desfecho dessa situação.
> - Finalize a história deixando claro qual é o ensinamento moral que ela traz.

- Antes de passar o texto a limpo, avalie seu trabalho.

Autoavaliação	👍	👎
Escrevi os diálogos com os argumentos de cada personagem?		
Criei uma situação de conflito?		
Desenvolvi esse conflito até chegar a uma solução?		
Transmiti com clareza um ensinamento moral na minha história?		
Fiz a concordância entre os elementos das frases?		

5 Faça as alterações necessárias e passe a limpo seu texto.

Organize com o professor e os colegas uma coletânea dos textos da classe para que os alunos do 6º ano leiam.